脱イナゴでしっかり儲ける

# 20銘柄バスケット投資術

こころトレード研究所所長
坂本慎太郎
（Bコミ）

東洋経済新報社

# はじめに

まず、この本の記念すべき1ページ目を開いてくれた、あなたに質問したいと思います。

## 専業投資家になりたいですか？

なりたいですよね～。うん、たぶんなりたいと思っているでしょう。

私はいま、「こころトレード研究所」の所長として、株式を中心とした投資スクールを開いています。そこに通ってくださる大勢の個人投資家さんとお話をする機会があるのですが、いまのような質問をすると、ほとんどの方が「なりたい」と、お答えになります。

株式投資に一歩でも足を踏み入れた人は、どこかで専業投資家になることへの憧れみたいなものがあるようです。

でもね、正直なところを申し上げると、専業投資家になるのって大変なんですよ。

いや、なるのは簡単。いま、勤めている会社に辞表を提出して、翌日からパソコンの前に座って株式の売買をすれば、誰だって専業投資家になれます。

ただ、専業投資家として常に一定の利益を上げ、それでもって日々、食べていけるかどうかということになると、途端にハードルが上がります。


前著『朝9時10分までにしっかり儲ける板読み投資術』でも触れたのですが、私はかれこれ6年間、株式ディーラーとして複数の証券会社を渡り歩きました。まだ読んでいない方のために、簡単に説明しますと、株式ディーラーとは、証券会社の自己資金を、株式の売買によって増やすという仕事です。


「い〜ね〜、毎日がギャンブラー」なんて思う人もいるでしょう。まあ、趣味でやっているうちはいいのですが、これが商売になると、それなりに大変なんですよ。

証券会社の経営者になったつもりで考えてみてください。自分が雇っている株式ディーラーが毎月、数百万円、数千万円の損を出し続けていたら、どれだけお人好しの経営者でも、「お前はクビだ〜！」と言いたくなるもんです。

証券会社の経営者にお人好しはいないわけで、現実はもっと苛烈な仕打ちが飛んできます。クビは当然。下手をすれば業界から抹殺されます。

どれだけ他の証券会社を回って就職活動をしても、「あのディーラーは使えない」という情報が瞬時に広まり、株式ディーラーとしての再就職はできなくなります。

つまり、株式ディーラーになったなら最後、少なくともマンスリー・ベースで損を出すことは許されないのです。当然といえば当然ですね。何しろ人のお金を運用しているのですから。

で、同じことは個人の専業投資家にも当てはまるのです。

もちろん、専業投資家はあくまでも自分のお金を運用するわけですから、誰かに「もうお前はクビだ」と言われる心配はありません。

でも、専業投資家は自分の日々の生活費を、株式のトレードで稼ぐわけですから、毎月のように損失を出していたら、生活できなくなります。

ある意味、プロの株式ディーラーよりもシビアかもしれません。

専業投資家であっても、兼業投資家であっても、株式に投資して儲けたいという気持ちは同じです。ところが、不思議なことにそういう気持ちを強く持ったとしても、なかなか勝てないのは、なぜだと思いますか。

「勝ちたい」という気持ちは強く持っているのに、負けてばかりという人は、私が見たところけっこういらっしゃいます。決して少数派ではありません。

どうして勝てないのか。その答えは簡単です。

## 場当たり的なトレードに終始しているからです。

あなたは、投資雑誌で紹介された銘柄、ツイッターなどのSNSでつぶやかれている銘柄に、安易に乗っていませんか。「この銘柄は上がるよ」といった言葉を信じてポジションを取るなどというのは、株式市場においては愚の骨頂です。

そのようなお人好しは、早晩、マーケットからの退場を言い渡されるに違いありません。

専業投資家でも兼業投資家でも、株式投資で一定の収益を稼げるようになるためには、他力本願ではダメです。あくまでも自分の頭で考えて銘柄を選び、自分の判断で売買できるようにならなければ、株式投資での成功は覚束ないでしょう。

本書では、成功する投資家になるために、あなたオリジナルの20銘柄バスケットを作ってメンテナンスする「90日間プログラム」について、解説していきます。

3カ月も！　と思われるかもしれません。でも、一生モノの投資力が手に入るとしたら、3カ月なんて短いと感じませんか。実際、私は20銘柄バスケットをもとにした株式投資で、この1年間で元手の150万円が2000万円を超えています（2017年度実績）。

**このプログラムを地道に繰り返していけば、常に自分の頭で考えることをルーティン化できます。**

そして、あなたの投資力が一気に高まり、株式投資で成功する道が開けるでしょう。

目次

# 第2章 CHAPTER 02 勝率の高い投資家は、勝負する日にこだわる

第3章 CHAPTER 03

# 本気で投資力を鍛える90日間プログラム

第4章 CHAPTER 04

## 実践！ 20銘柄バスケット投資術

第5章 CHAPTER 05

# さらにレベルアップする秘策を教えます

＊本書は株式投資をする際の参考となる情報提供を目的に、著者が自らの経験および独自に調査した結果に基づき執筆したものですが、確実な利益を保証するものではありません。投資に関する最終決定は必ずご自身の判断で行ってください。

第1章

CHAPTER 01

# 今日から「脱イナゴ投資家」宣言

# 自分の頭で考える投資家になろう

## イナゴの大群がブンブン飛んでいる

株式市場は「生き馬の目を抜く」と形容される世界です。

そのように厳しい環境で生き残っていくためには、1つひとつの判断を、他人に委ねてはなりません。銘柄を選ぶ。売買タイミングをはかる。ナンピンや利乗せをする。これらの判断を、すべて自分自身で下す心構えが必要です。

要するに、**株式投資で稼げるようになるためには、何事も自分の頭で考えることが大切だということです。**

そして、「常に自分の頭で考える」ことをルーティン化すれば、自分自身の投資能力が自然と高まり、やがて儲けられる株式投資家になれるはずです。

では、実際のところはどうなのか。

これは、ツイッターをざっと眺めればわかります。

だって、イナゴの大群がブンブン飛んでいますから。

イナゴがブンブン音をたてながら飛ぶかどうかはわからないのですが、そんな音が聞こえてくるくらい、イナゴがたくさん飛んでいます。

イナゴ、わかります？

**この世界では「イナゴ投資家」なんて言われているのですが、値上がりしそうな銘柄があると、大挙してその銘柄に群がり、思惑どおりに値上がりしたら、さっさと売って次の銘柄に飛んでいく、超短期のトレーダーを指しています。**

で、イナゴが群がった銘柄のチャートを見ると、時間の経過に伴って、上昇トレンドをたどっている株価のローソク足がどんどん長くなり、あたかもタワマン（タワーマンション）がバ

**図1-1 イナゴの大群が作るイナゴタワー**

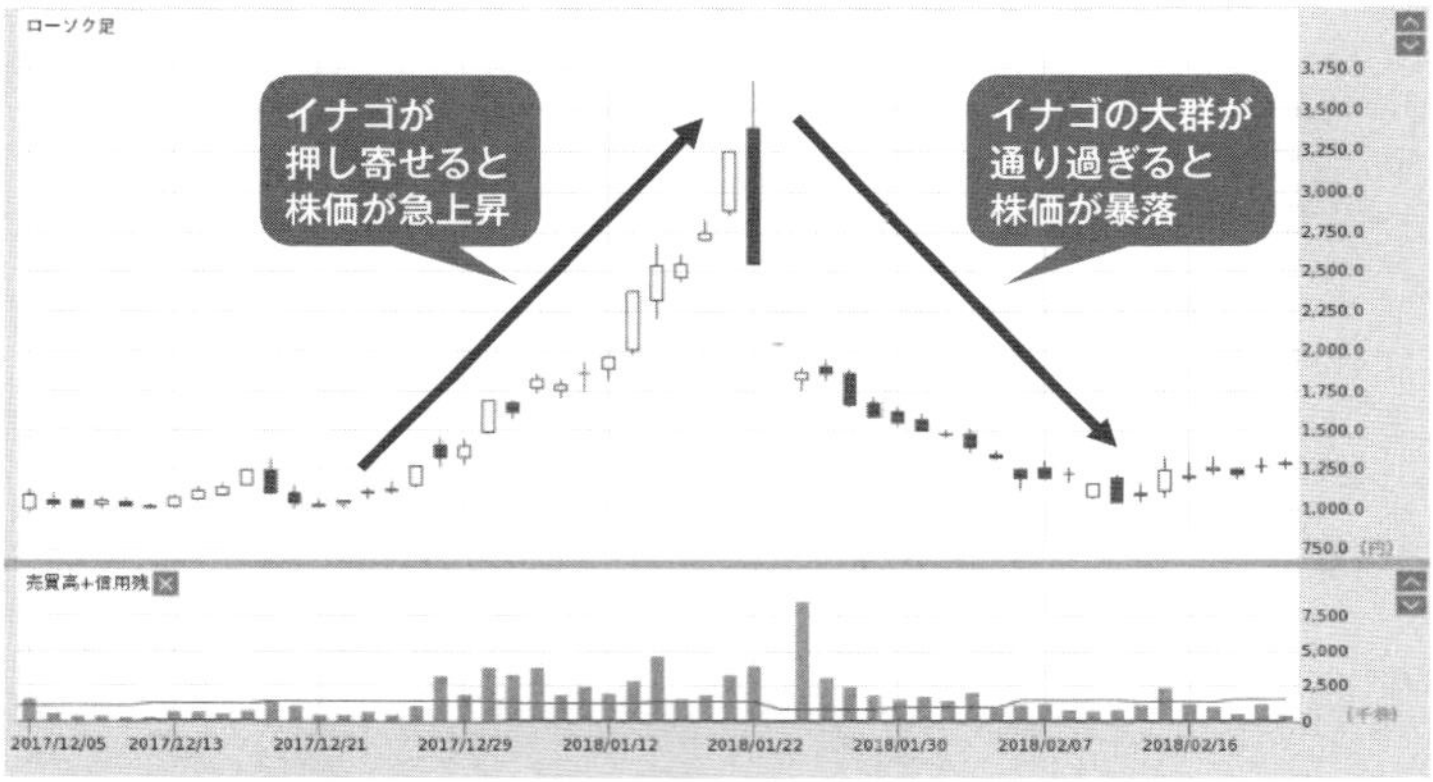


（出所）会社四季報オンライン（https://shikiho.jp）。

ーンと建ったかのような形になっていきます。
これが「イナゴタワー」と呼ばれるものです。

## イナゴの大群が通り過ぎた後は<br>ペンペン草も生えない

要するにイナゴ投資家とは、付和雷同な投資行動を取る投資家と言っても良いでしょう。

相場の世界で知られている人が「この銘柄は上がるよ」などとつぶやいた瞬間、信者でもあるイナゴたちは、一斉に言われたとおりの銘柄を買いにいくのです。

当然、株価は跳ね上がり、その値動きを見ていた他の投資家も、我先にとばかり、そこに食いついていきます。そして、株価はさらに上昇していくのです。

ただ、イナゴ投資家が大挙して押し寄せ、株価が吊り上げられると、後はどこで降りるかということになるわけですが、ここでしくじると大暴落に遭い、それまでは含み益が生じていて「ウシシシ」とほくそ笑んでいたのが、一気に真っ青になるわけです。

イナゴ投資家の中にも、勝ち組と負け組がいるわけです。

で、イナゴの大群が通り過ぎた後はペンペン草も生えていません。

**イナゴ投資家が好き放題に株価を吊り上げて立ち去った後は、株価の暴落で持ち株を売り切ることができなかった負け組イナゴが、多額の含み損を抱えたまま呆然と立ち尽くしている、**という絵が、容易に想像できるわけです。まさに死屍累々なわけですよ。

# サラリーマン投資家は、確実に負け組イナゴになる

## 長期投資家にとっても時間の無駄

もちろん、勝ち組イナゴになれれば儲かります。

ただ、私は声を大にして言いたい（キッパリ！）。

**「勝ち組イナゴになれる確率って、ものすごく低い。その低い確率に賭ける意味が、果たしてどれだけあるのかってことを、しっかり考えてみましょう」**

特に長期投資家と兼業投資家は、この点をしっかり胸に刻み込んでください。なぜなら、負け組イナゴになる危険性が高いからです。

けっこう、いるんですよ。イナゴ銘柄なのに、「俺は長期投資家だから、株価が下げたとしても持ち続ける。いつか株価は上昇に転じて、値上がり益が得られる」などと言う人が。

**イナゴ銘柄なんて、イナゴの大群が去ったら暴落ですから、なかなか戻りません。**株価が回復するまで３年も４年も持ち続けるのって、長期投資家を名乗れば許されるのでしょうか。

う〜ん。それ、単に時間の無駄でしょう。

３年も４年も持ち続けて、ようやく株価が買値とイーブンになりました。問題はその先です。何年も持ち続けた甲斐があるだけのリターンが得られるのでしょうか。

恐らく、株価が値上がりする過程で、「ヤレヤレの売り」ってやつが、どこからともなく湧いて出てくるんですよ。

「あ〜あ、ようやく買値に近づいてきた。ほとんど損失が消えたから、この銘柄は売っちゃおう」ってのが、ヤレヤレの売りです。

## 自分が納得するリターンが得られるのか

こうした売り物をこなしながら、それこそ3年も4年もホールドしたことを、自分で納得できるだけのリターンが、果たして実現するでしょうか。

仮に年間10％、4年間で40％のリターンが得られることを想定していたとしましょう。このとき、考えなければならないのは、現在の株価と買値がイーブンになった後、どの程度の期間で40％のリターンが実現できるのかということです。

40％のリターンを実現するのに、そこからさらに10年もの時間を要したら、なんだか全然、納得感が得られませんし、その間に、もっと短期間で、大きく値上がりする銘柄を買えたかもしれません。

塩漬け銘柄を持って「長期投資家」を名乗るのは、単なる欺瞞であると心得てください。

またサラリーマン投資家は場中、仕事をしているはずですから、ベタツキで相場を見ることができません。

そんな投資環境でイナゴ銘柄になんか投資してごらんなさい。

外回りの営業職なら、仕事の合間にスマホで株価をチェックすることもできますが、終日、オフィスにいて上司の目があるところで働いている人は、昼休みに前場終値をチェックし、帰宅途中の電車の中などで後場の終値をチェックする程度でしょう。

そうなると、昼休みにラーメンを食べている最中に箸を落としたり、電車の中で茫然自失になって、降りる駅をいくつも乗り過ごしたりする恐れがあります。

サラリーマン投資家は、そもそもイナゴ銘柄の売買には向いていません。ほぼ確実に負け組イナゴになります。

# イナゴ投資の本質

## 殿様イナゴのお言葉に群がる養分イナゴたち

さて、イナゴはどこに生息しているのでしょうか。

生息地別に見ていくと、さまざまな種類のイナゴがいることに驚かされます。

これは、実際にマーケットという森の中に、どういうイナゴが生息しているのかを調べてみると良いでしょう。


**まず、「殿様イナゴ」です。仕手株でいう「本尊」みたいなものですね。**


株式市場で、なぜだかわからないのだけれども、一定の影響力を持っていたりします。

「これから上がる銘柄はこれとこれ」などと、ツイッターなどに書き込むと、その人を「神」

と崇めている個人投資家が一斉にその銘柄に飛びつき、株価が大きく上昇します。

銘柄によっては、「爆騰」と表現するのがピッタリなくらいに、株価がガンガン上昇していきます。

それは、**殿様イナゴのお言葉をありがたいと思う個人投資家、別名「養分イナゴ」が、一斉に群がって買い始めるからです。**

## なぜ、殿様イナゴは銘柄をつぶやくのか

では、どうして殿様イナゴは銘柄をつぶやくのでしょうか。

「自分だけが儲かるのは良くない。他の投資家にもたくさん儲けてもらいたい」などという博愛精神の発露では決してありません。

さっきも言ったじゃないですか。株式市場にお人好しはいないって。

イナゴ投資で痛い目に遭った人は察しがついていると思いますが、**ツイッターでつぶやいた時点で、自分とその近しい取り巻き連中は、すでにその銘柄を仕込み終わっているのです。**

イナゴ投資の構造は、本質的に仕手株と同じです。

殿様イナゴとその周囲の人たちが、特定の銘柄を仕込みます。

といっても、トヨタ自動車のような超大型株は仕掛けません。なぜなら、超大型株だと、ちょっとやそっとの買いで株価を押し上げることなど絶対に不可能だからです。

したがって、**殿様イナゴが目を付けるのは、それこそ時価総額が100億円以下というような小型株で、それを少しずつ買い集めていきます。**

そして、ある程度の株数を仕込んだら、ＳＮＳなどを使って「この銘柄が上がる」という話を拡散させるのです。

拡散させる目的は、株価を値上がりさせるとともに、流動性を高めることにあります。

どれだけ株価が値上がりしても、殿様イナゴはそれを売却できなければ、実現益を手にできません。

殿様イナゴは相応の株数を持っていますから、それを売却するためには、ある程度、買い板を厚くしておく必要があります。だから、ＳＮＳで銘柄情報を拡散させ、できるだけ多くの養分イナゴが集まるようにするのです。

こうして仕込みが終わった後、ツイッターなどでつぶやけば、養分イナゴが一斉に食いついてきて、株価は大きく跳ね上がります。

それが、殿様イナゴとその周囲にいる勝ち組イナゴにとって、絶好の売り場になります。

その後も、噂に乗じて株価は上がっていきますが、すでに殿様イナゴとその周囲にいる勝ち組イナゴは、ツイッターなどでさんざんつぶやいた銘柄を売り抜けているので、徐々に値上がりのスピードが落ち、やがて下落へと転じます。

ところで、本書はイナゴ投資を推奨しているわけではありませんが、自分の頭で考えることをせずに損ばかりをしている投資家にならないためには、どういうタイミングでイナゴが大量発生するのかを把握して監視しておく必要があります。

# 年4回大量発生する四季報イナゴ

## サプライズ銘柄に大挙して群がる

養分イナゴは、殿様イナゴがつぶやかなくても発生します。

では、養分イナゴはどのタイミングで大量発生するのでしょうか。

この本は東洋経済新報社から出版させてもらうので、敬意を表して「四季報イナゴ」から取り上げましょう。

## 四季報イナゴが大量発生するのは、『会社四季報』が発売されるときです。

会社〝四季報〟という名前からもおわかりになると思いますが、年4回、刊行されています。

内容については、この本を手に取ってくださっている、あなたのことですから、改めて説明するまでもないでしょう。

簡単に言えば、日本の全上場企業のファンダメンタルズ情報が掲載されているもので、投資家のバイブルと言われています。

発売のタイミングは、3月（春号）、6月（夏号）、9月（秋号）、12月（新春号）で、それぞれの月の15日前後になります。

それぞれ、ちょっとした特徴があって、たとえば3月期決算の発表は4〜5月になるため、6月に発売される「夏号」は、この3月期決算の内容が掲載されるのと同時に、次の期の予想が掲載されます。そのため、投資家の注目度が最も高い号とも言えるでしょう。

ちなみに、私は各号ごとに次の点を注目しています。

- **春号は、建設や官公庁の売上が高い企業など収益が第4四半期に偏重する企業の四季報予想に注目。**
- **夏号は、3月期決算の今期予想が出揃う会社予想と四季報予想との差に注目。**
- **秋号は、第1四半期の進捗率が高いセクターに注目。四季報予想が強気で上振れている銘**

**柄は通期の上方修正も期待できる。**

**●新春号は、3月期決算銘柄の第2四半期決算を受けて四季報予想の変更に注目。**

四季報イナゴは、『会社四季報』が発売されたら即、書店に行ってこれを購入します。アマゾンで買うという手もありますが、それだと手元に届くまでのタイムラグがあるので、誰よりも早くお宝銘柄を見つけて買いたいという四季報イナゴは、書店で買うのが普通です。

そして、**家に持って帰るとすぐに読み始め、早いイナゴだとその日の後場、普通のイナゴだと翌営業日の寄付きから、意中の銘柄に買い注文を出します。**

『会社四季報』は「2期予想」といって、今期だけでなく来期の業績予想も掲載されています。この予想は、東洋経済新報社の記者が各企業を回って集めた情報をもとに、記者が独自に行っているもので、会社の予想数字との差に注目が集まります。

つまり、会社予想に比べて四季報予想の数字が高い場合、その銘柄に対する注目度がにわかに高まり、四季報イナゴが大挙して群がるというわけです。

## 図1-2 会社四季報の発売日に群がるイナゴ

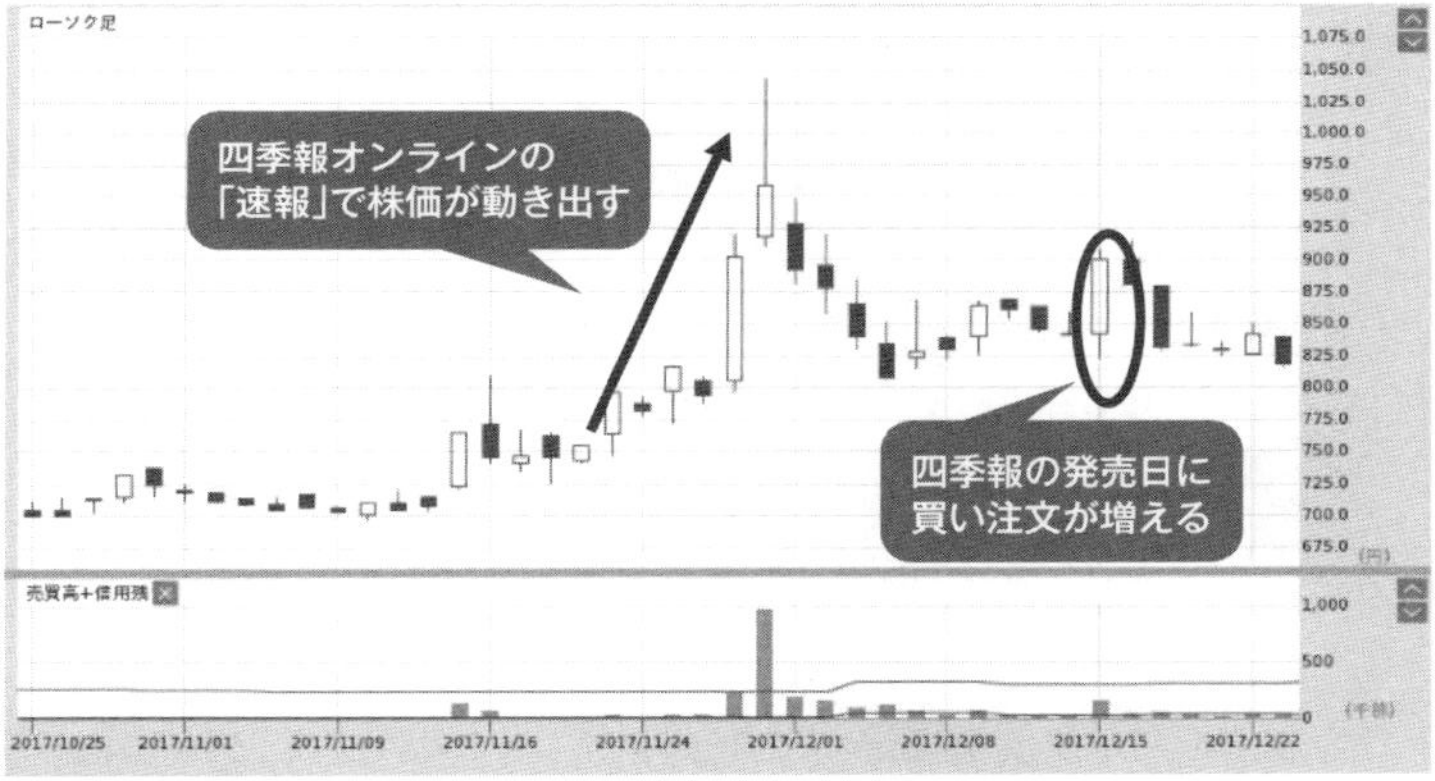


（出所）会社四季報オンライン（https://shikiho.jp）。

## 最近活発に動く
## 四季報オンライン・イナゴ

また、東洋経済新報社には「会社四季報オンライン」というインターネット媒体があり、紙媒体である『会社四季報』に比べ、こちらのほうが早いタイミングで情報が更新されます。

注意して見ておきたいのが「速報」です。

紙ベースの『会社四季報』の場合、年4回の発売ですから、次号が発売されるまでの間に発表される決算内容などをリアルタイムで補足することができません。

これを埋めるのが四季報オンラインで、企業が業績発表をしたら、即座に記者が対応して、オンラインに掲載されます。

**ここにサプライズなどが出ると、翌日以降の株価に大きな影響を与えるケースが増えています。つまり、四季報オンライン・イナゴというのも、最近は活発に動いているということです。**

他にも、株価の上昇率に反応して、その上位にランキングされている銘柄に飛びつく「ランキングイナゴ」や、四季報イナゴおよび四季報オンライン・イナゴと似た観点で、「決算書イナゴ」もいます。

**決算書イナゴは、前日またはザラバ中に発表された決算短信を見て、EPSの数値で飛び付き買いするイナゴです。**

EPSとは、「1株あたり当期純利益」のことで、大事なのは今期予想のEPSに対する進捗率で四季報予想を上回る進捗率であれば決算の中身に関係なく果敢に買い向かいます。決算が出る前に博打感覚で見切り発車するプレーヤーもいます。

# 脱イナゴ投資家を目指せ！

## 最高のタイミングをつかめるのは一握り

このように、株式市場にはさまざまなところにイナゴがいるわけですが、私の基本的なスタンスはこのひと言に尽きます。

**「個人投資家は、脱イナゴを目指しましょう」**

なぜなら、高いリスクを覚悟してポジションを取るわりに、そこから得られるリターンが低いからです。

もちろん、うまくイナゴの大群の先頭を切って飛ぶことができれば、相応のリターンは得られるでしょう。でも、そんなにうまくいきませんって。

イナゴが大量発生する理由やタイミングについて説明しましたが、最高のタイミングでそれに乗れる投資家なんて、本当にごくごくひと握り。下手をすれば、すっ高値をつかまされるケースもあります。

**イナゴは逃げ足も速いので、荒らし回った後は、あっという間に他の場所に飛んでいきます。そして、イナゴが飛び去った後には……、何も残されていません。**

株価は急落し、すっ高値をつかまされた負け組イナゴたちは、多額の損失を抱えます。

イナゴ投資で失敗する要因の1つは、このようにエントリーとイグジットのタイミングを間違えることです。

でも、タイミングの失敗はリカバリーできます。損失が膨らんで、もうダメだと思ったら、さっさと損切りすれば良いのですから。

最大の問題はタームです。

そもそもデイトレードをする人たちは、イナゴ投資に失敗してもすぐに逃げられるのですが、中長期投資を標榜している人たちは、ここで引っ掛かってしまいます。

## 中長期投資家ほど損失が大きくなる

前述したように、中長期投資家は「長く持てば何とかなる」と思っていますから、損失が拡大してもなかなか損切りしないのです。

5％程度の損失なら、まず損切りしないでしょう。ズルズルと10％下がったとしても、「別に俺は20％のリターンを目指しているのだから、10％の損失なんて大したことがない」とうそぶいて、ここでも損切りしません。

さらに、短期間のうちに30％くらい下げたとしても、

「あ…れ？　なんで30％も下げてるんだろ。でも、俺は中長期投資家だから、こんな短期間で損切りするなんてとんでもない話だ。持ち続けていれば、いつか戻るだろう」

などと言っているうちに、下げ率が40％になり、それでも下げ止まらず、損失が50％まで膨

らんだ時点で、「なんか、戻らないような気がしてきた」と思うようになり、最悪の状況で損切りを余儀なくされるというパターンをたどるのです。

これ、ヤバイでしょ。最悪っすよ。

**そもそもイナゴ投資の対象となる銘柄は、値動きが荒いものばかりです。**

いっつもボラボラ言っている、ボラティリティ・ラバーの短期トレーダーならともかく、中長期投資を前提にしている投資家は、こんな銘柄に乗ってはいけません。

**タイミングを間違えるのは仕方がないとしても、タームを間違えると命取りになるのです。中長期投資家がマーケットから退場させられるのは、スケベ心でイナゴ投資に手を出した結果というのが大半です。**

## 知識とスキルを積み上げるトレードをすべき

ちなみに、中長期投資家で億円単位の資金を投資しているような人は、イナゴ投資に手を出すことはありません。

逆に、イナゴ投資に手を出すのは、運用資金が50万円、100万円というように、少額資金を回している人に多く見られます。

少額資金を少しでも大きく増やしたい、もっと大きな資金で勝負できるようになりたい、などと考えている人ほど、イナゴを追い求めがちなのです。

しかも、現物で取引するのではなく、そういう人ほど信用取引の口座を開設し、フルレバレッジで勝負を仕掛けようとします。

フルレバレッジで証拠金の3倍までポジションを膨らませることができますから、逆にアゲインストになったとき、20%も逆方向に動けば、ほぼ壊滅します。

ね、リスク高いでしょ。

もちろん、その中でも、徐々に勝ち方を覚えていく人もいます。

1回目、2回目、3回目くらいまでは全損で証拠金を全額失い、4回目あたりで100万円が500万円に増え、6回目でその利益を全部溶かしてしまい、「何だよ、そりゃあ」なんて愚痴っているうちに、少しずつイナゴ投資の感覚をつかんできて、勝てるようになる人も、いるにはいます。

でも、短期戦ならそれでも良いと思いますが、この本を読んでくださっている、あなたは、これから先、10年も、20年も、あるいは30年も、株式投資と付き合っていくつもりでしょ。それなら、そんな丁半博打のようなトレードは止めて、しっかり知識とスキルを積み上げていけるようなトレードをするべきだと思うのです。

だからこそ、脱イナゴ投資を目指すのが、多くの個人投資家にとっては重要なことなのです。

## 養分イナゴに明日はない

イナゴ投資について、ちょっと面白い話があります。

ある銘柄を煽っている殿様イナゴがいました。養分イナゴが、その殿様イナゴのご託宣を聞いて、その銘柄をすぐに買ったものの、あっという間にイナゴ効果は失われ、株価が急落してしまいました。

どうして株価が下がったのでしょうか。

恐らく、この養分イナゴは何も答えられないはずです。なぜなら、殿様イナゴが「この銘柄は良い」と言ったから買っただけだからです。正直、どうしてこの銘柄に投資したのか、投資した本人もわからないという珍事態が起こります。

そうなると、この投資家は次に、どのようなアクションを起こすと思いますか。

なんと、殿様イナゴに直接、話を聞きに行くのです。

なぜ、この銘柄を推奨したのか、いつになったら株価は底を打つのか、反転したときにはどこまで戻るのか。

恐らく、ポジションを持ったまま暴落に直面した人の頭の中には、殿様イナゴに質問したいことが山のようにあるでしょう。

でも、殿様イナゴと話をするチャンスに恵まれた養分イナゴが聞くことといえば、このひと言で終わり。

「この銘柄って終わったんですか？」

でも、殿様イナゴが「終わった」と言おうが、「まだこれから」と言おうが、本当のところは誰にもわかりません。

殿様イナゴは、確かにこの銘柄が良いと思っているからこそ、SNSなどを使って拡散させたのだとは思いますが、それはあくまでも殿様イナゴがそう思っているだけのこと。

そして、その銘柄を買った養分イナゴは、自分でその銘柄のことを調べたわけではなく、単に殿様イナゴがそう言っているから、そのとおりにしただけなのです。

それで良いのでしょうか。

いや、良いはずがない。**付和雷同的に、殿様イナゴの言うとおりにすれば儲かるなどというトレードは、一度や二度は成功するかもしれませんが、10年、20年という長いタームでトレードしていくことを考えれば、成功し続けることのほうが困難です。**

だからこそ、本章を通じて私が言いたいたのは、自分の頭で考えてトレードしようということなのです。

それは、「脱イナゴ投資家」を目指すことでもあります。

# 第2章 CHAPTER 02

# 勝率の高い投資家は、勝負する日にこだわる

# 投資の時間軸によって良い銘柄の条件が異なる

## 株価は需給のバランスで動く

株式投資で大事なのは銘柄選びです。この点に疑問を挟む人はいないでしょう。第３章で解説する「90日間プログラム」でも、勝つための銘柄バスケットを作るのが目的です。

業績が良い、将来の成長期待が高い、ＲＯＥが10％以上、そのわりに株価が割安水準に放置されている、という条件を満たした株式があったとして、それを長期保有すれば、リーマンショックのような「１００年に一度」と言われる暴落にでも直面しない限り、ほぼ間違いなく儲かると思います。

ただ、これは長期投資の場合のお話。

本書を購入して株式投資にチャレンジしようと考えている人、あるいは経験者でもなかなか勝てず、この本で何とか勝てる投資家になりたいと考えている人の大半は、デイトレードのように非常に時間軸の短いトレードか、比較的長めの時間軸でもスイングトレードといって、数日から数週間程度しかポジションを持たない投資家だと思います。中長期の投資家でも、短期トレードに挑戦したいと思っているのではないでしょうか。

確かに、株式投資をするにあたって、良い銘柄を探すことは大事です。が、**投資の時間軸によって、「良い銘柄」の条件は大きく違ってきます。**

長期投資であれば、業績や財務内容などが良い銘柄の条件であり、長期投資家は、好業績で財務体質が健全、かつ将来の成長期待が高いといった条件を持つ企業を常に探しています。

しかし、この条件をデイトレーダーやスイングトレーダーの銘柄選定基準にしたら、果たして彼らは勝つことができるでしょうか。

微妙でしょうね。

理由は言うまでもないと思います。得意とする投資の時間軸が大きく違うからです。そして、デイトレーダーやスイングトレーダーのような、比較的短い時間軸で勝負をかけにいく投資家は、業績や財務、成長期待といったものとはまったく異なる根拠に基づいて、投資対象となる銘柄を選んでいます。

その根拠は何か、ということですが、その時々に株式市場で話題になっているテーマや、株価の年初来高値更新、出来高急増、株価の騰落率トップ10など、さまざまな材料が考えられます。

**こうした材料から投資家は売買の判断をし、実際に売り買いを行い、それが株式市場の需給バランスに影響を与えて、株価は値上がりしたり値下がりしたりするのです。**

そして、この値動きをうまくとらえた投資家が、株式投資で成功を収めます。

# 良い銘柄を見つけるだけでは勝てない？

## 株価が動意づくタイミングを探す

さて、見出しにもあるように、良い銘柄を見つけるだけでは株式投資で勝てないのでしょうか。

恐らく、ここまで読み進めてくださった、あなたは、何となくわかっていると思うのですが、残念ながらそのとおりです。

特に短い時間軸でトレードを繰り返す人たちは、株価のボラティリティに投資するわけですから、中長期的な業績の回復（低迷）や財務内容の改善（悪化）などのファンダメンタルズとはまったく違う要因を見て銘柄を選びます。

**その要因とは、テクニカルや材料、イベント、あるいはファンダメンタルズに関するもので**

**も業績修正のようなサプライズが、これに該当します。**

そこで、こんなことを考えてみました。

●短い時間軸でトレードをし、一定の利益を得るためには、株価のボラティリティを取りに行く必要がある。
●株価のボラティリティは、株式の需給バランスによって決まる。
●短期のうちに株式の需給バランスを大きく変える要因を見つける必要がある。
●ある銘柄をずっと持ち続け、サプライズな材料が浮上して株価が吹き上げたとしても、それまでに何年もかかったのでは投資効率が悪すぎる。

だったら、**この手の材料が出ると思われるタイミングをあらかじめ想定し、それに合わせてポジションを取れば、効率的にリターンを追求できるのではないか。**

確かに、良い銘柄を丹念に発掘することは大事なのですが、「良い銘柄なのに、なぜか株価がなかなか上がらない」銘柄もけっこうあります。それは、株式市場で大勢の投資家から注目を集めるための材料が乏しいからです。

とはいえ、株式市場は常に隠れた良い銘柄を発掘しようとしている投資家が大勢いますから、注目材料に乏しい銘柄でも、10年、20年スパンで考えれば、どこかの時点で株価が反応することも考えられます。

でも、それは長期投資家だからできる話であって、デイトレードやスイングトレードを志している短期トレーダーには、何も、どこにも響きません。

**「持っていればいつか値上がりする」**

などという考え方は、短期トレーダーにとって意味不明。逆に、

**「この時期なら、ほぼ確実に株価が動意づく」**

というタイミングさえわかれば、短期トレーダーはにわかに色めき立ちます。

# サラリーマン投資家は、勝てる日に有給休暇を取ろう

## 兼業投資家でも1日中トレードできる方法

専業投資家なら、株式のトレードが生業ですから、いつでも株価が動意づきそうなタイミングを狙ってトレードできます。

でも、恐らくこの日本で専業投資家を名乗れる人は、数％程度でしょう。大半の投資家は日中、仕事をしながら株式投資をしている兼業投資家です。

兼業投資家の悩ましいところは、ずっと場に張り付いていられないことです。

確かに最近は、スマートフォンのアプリで株価を追えるようになりましたが、あの小さい画面でチャートや板情報を見ても、大きなパソコンの画面に比べると圧倒的に情報不足です。

かといって、まさか会社の業務用パソコンで、業務中に正々堂々とチャートを見続けるわけにもいきません。

したがって兼業投資家の場合は夜、自宅に帰ったら1時間程度、自室に閉じこもって現在の保有銘柄、これから買おうと考えている銘柄の値動きを復習し、翌営業日に動く可能性がありそうな銘柄をピックアップしたうえで、当日の朝、出勤する前（それは大概、株式市場が開く前でもあります）に注文を出しておくのが、精一杯だと思います。

また、もう少しディープにトレードしている人なら、昼休み時間を利用して前場の状況をチェックし、後場のトレードに向けて新たなオーダーを出しておく程度のことはするでしょう。そして仕事が終わって家に帰ったら、1日の終わりに、その日のトレードを振り返り、また翌営業日のトレードに備えます。

こうして兼業投資家の1日は更けていくわけですが、なかには「もっと1日中、相場に張り付いていたい」と考えている兼業投資家もいると思います。

ストレスたまりますよね。相場、楽しいですよね。

私としては兼業投資家でも十分ではないかと思うのですが、**サラリーマン投資家で、なかなか専業投資家への道を諦めきれない人には、ひとつ提案があります。それは、有給休暇を利用してトレードをするというものです。**

有給休暇の取得は、会社員に認められた正当な権利ですから、誰にも文句を言われる筋合いはありません。

その日は1日、何をするのも自由です。

思い切り、デイトレーダーにもなれるってもんです。

ただ、デイトレーダーになれるのは良いのですが、せっかく有給休暇を取得してトレードするわけですから、やはり負けたくないと思うでしょう。

そうであれば、確率的に負けにくい、勝ちやすい日を選んで有給休暇を取得し、そこで勝負をすれば良いのです。

# 日経平均の勝率の高い日を狙う

## 勝率ベスト1位は2月25日

では、勝ちやすい日がいつなのかを探してみましょうか。

「そんなことできるの？」と思っている方もいるでしょう。これができるのですよ。

もちろん、その日にトレードをすれば絶対に勝てるという保証はありませんが、確率的に勝ちやすい日を探すことは可能です。可能だけれども、あまりにも手間暇がかかるし、面倒だからやらないだけ。

でも、私はそれが仕事ですから、「探せ」と言われれば、じっくり探すのですよ。どうすれば勝てる日を見つけることができるのか。

いろいろ考えました。で、思いつきました。あくまでも日経平均株価ベースではありますが、

1985年10月から2017年9月までの過去32年間における値動きをデイリーベースで調べ、勝率を計算してみました。さらに、前日の終値から当日の終値までの平均騰落率、当日の始値から終値までの平均騰落率、そして高値と安値の平均騰落率も計算しました。

どういう結果になったと思いますか。

**まず勝率でランキングをしてみました。1位は勝率82・6%で2月25日。2位は勝率81・8%で9月13日でした。**計算期間中、2月25日は23回ありました。勝敗は19勝4敗です。なんだか、この日にトレードすれば、ほぼ間違いなく勝てるような気がしませんか。

ちなみに、過去32年間で計算しているのに、なぜ2月25日が23回しかないのか、不思議に思われる方もいらっしゃるでしょう。これは、土日祝日でマーケットが開いていない日を除いているからです。なので、勝ち負けの合計日数が違っているのです。

**最下位は11月7日**

ついでに勝てない日も計算してみました。勝率のワースト10です。

## 表2-1 日経平均の日別勝率ランキング

### ●勝率ベスト10

| 日付 | 勝率 | 勝ち | 負け | 平均上減率（終-終） | 平均上減率（始-終） | 平均上減率（高-安） |
|---|---|---|---|---|---|---|
| 2月25日 | 82.6% | 19 | 4 | 0.8% | 0.5% | 1.4% |
| 9月13日 | 81.8% | 18 | 4 | 0.5% | 0.4% | 1.3% |
| 9月19日 | 80.0% | 16 | 4 | 0.9% | 0.5% | 1.6% |
| 12月26日 | 75.0% | 18 | 6 | 0.3% | 0.1% | 1.2% |
| 4月3日 | 75.0% | 18 | 6 | 0.5% | 0.4% | 2.1% |
| 1月25日 | 73.9% | 17 | 6 | 0.7% | 0.3% | 1.2% |
| 10月20日 | 73.9% | 17 | 6 | 0.0% | ▲0.1% | 2.1% |
| 3月15日 | 73.9% | 17 | 6 | 0.3% | 0.2% | 2.0% |
| 3月4日 | 73.9% | 17 | 6 | 0.4% | 0.4% | 1.3% |
| 11月4日 | 73.7% | 14 | 5 | 1.2% | 0.6% | 1.6% |

### ●勝率ワースト10

| 日付 | 勝率 | 勝ち | 負け | 平均上減率（終-終） | 平均上減率（始-終） | 平均上減率（高-安） |
|---|---|---|---|---|---|---|
| 11月7日 | 20.8% | 5 | 19 | ▲0.7% | ▲0.8% | 1.5% |
| 8月4日 | 25.0% | 6 | 18 | ▲0.5% | ▲0.4% | 1.3% |
| 8月3日 | 25.0% | 6 | 18 | ▲0.6% | ▲0.5% | 1.2% |
| 11月13日 | 26.1% | 6 | 17 | 0.0% | 0.1% | 1.8% |
| 7月18日 | 28.6% | 6 | 15 | ▲0.5% | ▲0.5% | 1.3% |
| 7月22日 | 29.2% | 7 | 17 | ▲0.6% | ▲0.4% | 1.5% |
| 5月9日 | 29.2% | 7 | 17 | ▲0.4% | ▲0.5% | 1.2% |
| 9月22日 | 30.0% | 6 | 14 | ▲0.7% | ▲0.6% | 1.7% |
| 9月20日 | 30.0% | 6 | 14 | ▲0.3% | ▲0.2% | 1.3% |
| 2月5日 | 30.4% | 7 | 16 | ▲0.5% | ▲0.2% | 1.4% |

（注）1985年10月～2017年9月までの日経平均をもとに算出。
土日祝日があるため勝ち負けの合計日数が異なる。

**最も勝てない日は11月7日の20・8%。**これは低い。計算期間中、11月7日は24回あったわけですが、勝敗は5勝19敗です。う～ん、この日にポジションを持ったら、なかなか勝てる気がしませんね。

確かに、ここで計算したのは日経平均株価の値動きであり、個別銘柄の値動きではありません。なので、個別銘柄の値動きはまた別の話だと言う方も、いらっしゃると思います。でも、マーケット全体の地合いが悪いなかで、個別銘柄で勝負をしても、なかなか勝てないのも事実です。

もちろん、**個別企業のファンダメンタルズは大事ですが、株価は、それ以外に、マーケット全体の値動きに左右される部分もあるからです。マーケット全体が大きく下げる中では、業績絶好調の企業の株式も売られるケースが、ままあります。**

逆の見方をすると、マーケット全体が上昇トレンドであれば、業績面でさほど見るべき点がない企業であったとしても、全体相場に引っ張られて、株価が上昇する可能性が高まります。

そう考えると、私が計算した過去32年間の日経平均株価の勝率ランキングは、なかなか「使えるデータ」だと思いませんか。

もし、有給休暇を使ってデイトレードにチャレンジしてみようと考えているのなら、まずはこの表で勝率の高い日に有給休暇を取得することをお勧めします。

## ボラを探せ

ボラと言っても魚ではなく、ボラティリティのこと。ボラティリティとは、資産価格の変動の激しさを示すパラメーターです。つまり、**ボラティリティが高くなるほどリスクは高くなりますが、同時に大きな収益機会にも恵まれることになります。**

前述したように、勝率の高い日に有給休暇を取得してトレードをするのは、より確実に勝つためのポイントですが、より高いリターンを求めるならば、勝率だけでなく、値動きの大きさにも注目するのも一手です。

たとえば日別勝率ランキングでいうと、高値と安値の平均上減率には注目しておきたいところです。**平均の変動率が高い日は、マーケットが大きく動いていることを示します。つまりボラティリティが高い分だけ、収益機会も大きくなります。**

基本的に、高値と安値の平均変動率を重視する場合は、勝率のベストもワーストも関係ありません。

全般的な傾向から考えると、高値と安値の変動率は、勝率が低い日に比べて高い日のほうが、やや高い傾向があるようです。

とはいえ、勝率ワースト10でも、11月13日の変動率は1・8%、9月22日の変動率は1・7%もあり、勝率ベスト10の他の日に比べても決して遜色ありません。

**ボラティリティを求めてトレードをするのであれば、あえて勝率にこだわらず、平均変動率で日にちを選ぶという手もあるのです。**

果たして、過去の経験則はどこまで生きているのか、この本を読んだ方は実際、これらの日に日経平均株価がどういう動きになるのか、注目してみてください。

# 企業の決算日後を狙う

## 決算の中身と株主優待で動く

いま紹介した過去の日経平均の勝率もそうですが、株式市場には「アノマリー」といって、過去の経験則から「株価が値上がりする可能性が高い、値下がりするリスクが高い」という月や日があります。

ただ、アノマリーには、そうなるという合理的な根拠がありません。単なる経験則です。

それよりも、ほぼ確実に株価が何らかの反応を示す時期があります。

企業の決算日がそれです。

**有給休暇を取得してトレードするならば、企業決算日を1つの目標にすると良いでしょう。**

決算日の前後に株価が動くわけですが、これには2つの要因が考えられます。

**1つは決算の中身です。**

これは単純なようで難しい話なのですが、基本的に決算内容が良ければ株価は上昇、決算内容が悪ければ株価は下落します。

当たり前と言われれば当たり前すぎるくらいの話ですが、なかには好決算なのに、株価が下がることもあるので、決して単純な話ではありません。

そこは、いまの株価が好決算をどの程度まで織り込んでいるのかを考えながら、株価の値動きをウォッチする必要があります。

**もう1つは株主優待です。**

株式投資の収益は、基本的に配当金と値上がり益なのですが、日本企業の一部は「株主優待」といって、自社製品・サービスを株主に提供するケースがあります。

実際、株主優待で受け取った製品・サービスを活用して、生活している投資家もいらっしゃいますから、かなり実用的なものがメインです。なかには株主にしか提供されない、プレミアムな優待もあり、人気を得ています。

株主優待を得るためには、決算日前の「権利付最終売買日」までにお目当ての銘柄を買う必要があります。

つまり、株主優待で人気のある銘柄は、権利付最終売買日に向けて株価が上昇していく傾向が見られるため、株価が動意づく前に仕込み、株価が上昇したところで売却します。

株主優待の人気銘柄を選ぶことができれば、この手法は比較的確実に値上がり益を狙うことができますが、短期間で株価が跳ね上がるよりは、ジワジワと上げていくものなので、有給休暇を使って、デイトレードで狙いにいくものではありません。

「そろそろ優待狙いの投資家が買ってくるかな〜」

というタイミングで、ポチポチ買っていけば良いでしょう。

## 年に４回チャンスがある

もし、有給休暇投資で狙うなら、優待銘柄よりも好業績銘柄でしょう。

日本企業の多くは「四半期決算」といって、年4回、決算を発表しています。
このうち大半が3月を本決算にしており、6月、9月、12月に四半期決算が行われています。
そして、投資家には決算を終えてから、その内容が発表されるため、決算日と決算発表日の間には時間的なズレが生じます。

決算日と決算発表日は、次のようになります。

- **1月下旬〜2月上旬＝第3四半期決算（10〜12月期）の発表。**
- **4月下旬〜5月上旬＝第4四半期決算（1〜3月期）とともに本決算（通期）の発表。**
- **7月下旬〜8月上旬＝第1四半期決算（4〜6月期）の発表。**
- **10月下旬〜11月上旬＝第2四半期決算（7〜9月期）の発表。**

つまり年に4回、決算を狙ってトレードをするチャンスがあるということです。

決算狙いでトレードをする場合は、決算発表が終わってからのほうが良いでしょう。

多くの場合、決算発表は決算発表月の15日くらいに行われるので、そこから1週間くらい、株価が大きく動きます。

具体的に言うと、**2月、5月、8月、11月の15〜20日が、有給休暇を取得してトレードをするのに、絶好のチャンスです。**

決算発表の数字が良いか悪いかを予測して、決算発表前に買うという方法もありますが、これだと確実性は下がります。たとえ好業績でも、すでに株価に織り込まれていたら、むしろ株価は下がるケースもあるのです。

**なので、不確実性の高い決算発表前に買い出動するのではなく、決算発表が行われ、その内容を受けてある程度、株価の方向性が見えてきた段階で参戦するのです。**

# 90日間プログラムを始める前に
# ゴール日を設定しよう

## 企業の決算日を基準にする

いよいよ、一生モノの投資力を手に入れる「90日間プログラム」をスタートさせるわけですが、大事なのはゴール設定です。

何を目標にして、これから90日にも及ぶトレーニングをこなしていけば良いのか。

**そのモチベーションを上げていくために、「この日に勝負する」というゴール、兼業投資家なら「この日に有給休暇を取得する」というゴールを最初に設定しましょう。**

前述したように、専業投資家になるためには、高いハードルを乗り越える必要があります。

でも、兼業投資家でありながら、時々、有給休暇を取得してデイトレードなどを行えば、専業投資家になりたいという欲求を満たしながら、兼業投資家としての安定性も維持できます。

また、この「90日間プログラム」は、90日であるという点に1つの隠し味のようなものがあります。


あなたがサラリーマンの場合、実践する90日間のトレーニングをした後で有給休暇を取得し、その日はまる1日、株式のトレーディングに集中するわけですが、この「90日」というのは、四半期決算の1四半期分に相当するわけです。

前述したように、上場企業は四半期決算なので、その発表が行われる日から1週間以内に有給休暇を取得するのです。

具体的には、次のような流れです。

**1回目**：5月15日～8月15日にプログラムを実践。
8月15～20日の中で有給休暇を取得して1日トレード。
**2回目**：8月15日～11月15日にプログラムを実践。
11月15～20日の中で有給休暇を取得して1日トレード。

**3回目**：11月15日〜2月15日にプログラムを実践。
2月15〜20日の間で有給休暇を取得して1日トレード。

**4回目**：2月15日〜5月15日にプログラムを実践。
5月15〜20日の間で有給休暇を取得して1日トレード。

このように、**90日間プログラムを実践し、それが終わったら1日だけ有給休暇を取得して、トレードに集中するという流れを作ります。**

それが終わった後は、常に２００銘柄バスケットと20銘柄バスケットのメンテナンスを行いつつ、次の決算発表日後に再び有給休暇を取得します。

これを1年間繰り返せば、あなたの投資力はかなりの水準にまで向上するでしょう。

そして、もう言うまでもないと思いますが、晴れてイナゴから離脱できるはずです。

第3章

CHAPTER 03

# 本気で投資力を鍛える90日間プログラム

## たった90日で一生モノの投資力を手に入れる

**脱イナゴのプログラム**

「またまた〜」って声が聞こえてきそうなんですけど……。

でも、マジですわ。この本を読んで、書かれているとおりに90日間のプログラムをきちんと履行すれば、あなたの投資力は間違いなく向上します。

そして、このプログラムが終了したときに、もうイナゴ投資家ではなくなっていることに気づくでしょう。**このプログラムは、一人でも多くの個人投資家を、養分イナゴにさせないためのものでもあるのです。**

さて、まずはこのプログラムの全体像について説明しておきましょう。

まず、いつから始めるか、ですが、好きなときに始めてくださってけっこうです。まあ、とはいっても13日とか、17日とか、23日というように、なんか中途半端な日からスタートさせると、やはりなんとなく区切りがわかりにくくなりますし、すっきりしないので、やっぱり月初からスタートさせることにしましょう。

用意する教材は、以下のものです。

- **会社四季報**
- **会社四季報　業界地図**
- **会社四季報　プロ500**

別に、私は東洋経済新報社の回し者ではないのですが、実際のところ、以上3冊の本は、これからあなたが銘柄バスケットを作成するうえで、非常に役に立ちます。なので、この3冊は必ず手に入れてください。

これに加えて、証券会社に口座を開く必要があります。

もちろん、すでに開設していて、実際にその証券会社で株式の売買をしている方も多いと思います。

なので、それぞれが開いている証券会社の口座に合わせ、できる範囲のところで対応していただければ良いのですが、本書では、マネックス証券が提供している「トレードステーション」を用いて、銘柄リストの作成を説明していくことを、まずお断りしておきます。

別に、私はマネックス証券の回し者ではありませんよ。たまたま、私がトレードに使っている証券会社がマネックス証券だったというだけのことです。

なので、それ以外の証券会社でトレードしていらっしゃる方は、各々の証券会社が提供しているトレーディングツールに応用すれば良いでしょう。

## 3つのトレーニングメニューを1カ月ごとにこなす

さて、これから説明する「投資力向上90日間プログラム」は、90日を3つのクールに分けます。つまり、1カ月ごとに新しいトレーニングメニューに取り組むことによって、あなたの投資力を向上させていきます。

簡単に、90日間のプログラムを紹介しておきましょう。

## 1カ月目　200銘柄バスケットの作成に全力を傾ける

「え～？　２００銘柄も？」って思いますか。でも、この２００銘柄バスケットは、これからあなたが実際に投資をしていくうえで、最もベースになるユニバースですから、きちっと作り込んでいく必要があります。

この手の作業が大好きという方は、いろいろなことを調べて、自分オリジナルの２００銘柄バスケットを作り上げれば良いでしょう。

でも、なかには「そんなことに手間をかけるのは嫌だ」という方も、相当程度いらっしゃると思います。

恐らく7割、８割の方が、投資の候補となる銘柄を２００も挙げることに、苦痛を覚えると思います。だから、まずこの時点で、かなりの方が脱落し、大変お気の毒ではありますが、養分イナゴから抜け出せなくなります。

ただ、世の中は便利なもので、**この時点で脱落しそうになっている人に対する救済措置があります。それは、『会社四季報 業界地図』を活用するという方法です。**

これがね〜、もう本当に涙が出てしまうくらいの優れものなのです。

株式投資の経験が浅くて、200銘柄バスケットのリストを作りたくても、何から着手すれば良いのかわからないという個人投資家にとっては、本当に強い味方になってくれます。

使い方は後述しますが、1200円＋消費税を支払って書店でこれを手に入れれば、200銘柄バスケットのリストは7割方、完成したも同然です。

もちろん、この手の媒体に頼らなくても、自分で銘柄を抽出できるという方なら、独自の方法で200銘柄をピックアップすれば良いでしょう。

とにかく、**1カ月目は200銘柄のピックアップに全力を尽くしてください。**

そして気になる銘柄を見つけたら、それをトレードステーションの「レーダースクリーン」

という機能にポチポチ打ち込んでいきます。

これをひたすら続けていくうちに、２００銘柄の投資候補銘柄リストができ上がります。

先ほど、２００銘柄バスケットのリストを1カ月で作ると言いましたが、できれば2週間で作り上げましょう。

**2週間から土日を除いた平日が10日ですから、1日あたり平均で20銘柄をピックアップできれば、予定どおり2週間で２００銘柄のリストが完成します。**

**そして、残りの2週間は、ルーティンとして、作成した２００銘柄リストを眺めながら、今日はどのテーマ、どの銘柄が強かったのか、あるいは弱かったのかをチェックします。**

兼業投資家は日中、マーケットが動いているときにチェックできないので、仕事から帰ってきたら、1時間程度でこの作業を行うようにします。

さて、ここまでできたら、1カ月目のミッションは終了です。

## 2カ月目
## 作成した200銘柄のリストから20銘柄を選別することに全力を尽くす

2カ月目は、200銘柄のうち、いまが旬の銘柄、いよいよ株価が大きく動き出しそうな銘柄をピックアップして、20銘柄のリストを作ります。

**つまり、実際に売買するのは、この20銘柄バスケットに入っている銘柄になります。**売買しているとき、200銘柄すべてに目配せをするのは非常に困難なので、200銘柄のうち最も動きの出そうな20銘柄に絞り込むのが、2カ月目に行うプログラムの狙いです。

200銘柄のリストから20銘柄を選別するといっても、残る180銘柄は不要になるというのではありません。残りの180銘柄はどうなるのか、ということですが、20銘柄バスケットが1軍なら、200銘柄バスケットは2軍だと考えてください。

**たとえ2軍でも、成績次第で1軍に昇格することがあるように、200銘柄バスケットの中から20銘柄リストに昇格させられるケースもありますし、20銘柄バスケットに入っていた銘柄**

**が、200銘柄バスケットに降格させられるケースもあります。**

あるいは、実際にトレードを行っていくなかで、200銘柄バスケットにも入っていない銘柄が、200銘柄バスケットに入ってくることも、十分にありえます。

何しろ、東京証券取引所に上場されている銘柄数は、全体で約3700銘柄もあるわけですから、むしろ200銘柄バスケットのほうが絶対的に少数派であるわけです。

当然、トレードをしていけば、外からさまざまな情報が入ってきますし、自分が購読している新聞、雑誌、その他のインターネットメディアでも、銘柄選びのヒントに出会えます。こうした日常生活のなかで気になる情報があったら、きちんとストックしておきましょう。

そして、200銘柄バスケットの中に入っている銘柄で、魅力が後退したものがあったら、それと交代させていきます。

このように、さまざまな情報をもとにして、リストアップした銘柄の入れ替えを行うことを、私は「メンテナンス」と称しています。

**2カ月目のプログラムは、200銘柄バスケットの中から20銘柄バスケットを抽出すると同時に、メンテナンスを本格的に行っていきます。**

ところで、会社勤めをしながら株式投資も行う兼業投資家の場合、仕事から帰宅した後、銘柄の情報収集、分析に割ける時間は、せいぜい1時間程度だと思います。仕事で疲れているのもあるでしょうし、あまり株式投資に割く時間を長くすると、特に家庭持ちの場合は家庭不和の原因になります。

なので、**平日は200銘柄バスケットと20銘柄バスケットにさっと目を通す程度で、これらのバスケットに入っている銘柄を入れ替えるのは、土日の作業にしましょう。**

## 3カ月目
## バスケットのメンテナンスを行うのと同時に、バーチャルトレードを行う

FXだと、仮想のお金を用いて、リアルなレートで売買できるバーチャルトレードを、投資家向けサービスの1つとして提供しているFX会社があります。株式の場合も、この手のサー

ビスがいくつかあります。そのようなサービスを利用しても、自分でトレードノートを作成してもかまいません。大事なことは、バーチャルトレードの結果をメモしておくことです。

- **どの銘柄に投資したのか？**
- **いくらでエントリーしたのか？**
- **エントリーした理由は何なのか？**
- **いくらでエグジットしたのか？**
- **エグジットの理由は何だったのか？**
- **結果として損益はどうなったのか？**

これを繰り返すことが投資力を高めるのに役立ちます。

## せめてパソコンは用意しよう

### スマホトレードは限界がある

最近はスマホでもトレードができるので、どこにいても株式の売買ができるようになったわけですが、もしあなたが、「いまは兼業だけど、いつか専業になってやる」と思っているのであれば、スマホトレードは卒業しましょう。

最近は通信速度が非常に上がったので、スマホでも何とか対応できるようになりましたが、それでも時々刻々と変わる株価を追いかけて、デイトレードのような短期売買を行うのだとしたら、スマホでは無理です。何をするにしてもスマホトレードでは限界があるのです。

ということで、**自宅にパソコンを置き、それでトレードできるような環境を築くべきです。**

**もう少しぜいたくを言わせてもらうなら、モニターは1画面ではなく複数画面、用意してもらったほうが、トレードはしやすいと思います。**

もちろん、兼業投資家で自宅に帰ってからその日の値動きをチェックする程度なら、一般的なパソコンで、モニターも1画面あれば十分です。

ただ、やはり将来、専業投資家になり、デイトレードのような短期売買も行うことを想定するなら、やはりモニターは複数あったほうが良いでしょう。ちなみに私はいま、9画面使っています。

さすがに9画面ものマルチモニターを自宅に設置するのは難しいというのであれば、４Ｋテレビを利用するという手もあります。

実は、**４Ｋテレビがあれば、1枚の画面を４等分して、４つの異なるモニターとして流用できるのです。**もし、いま使っているパソコンがノートだったとしても、４Ｋで出力できるものであれば、それをテレビにつなげればＯＫです。

最近では４Ｋモニターの値段もどんどん安くなっていて、私の事務所に入れてある42・５インチの４Ｋモニターの値段は、なんと5万５０００円くらいでした。

ちなみに複数画面が良いというのは、わざわざ画面を切り替えなくてもすむからです。

たとえば、4面用意したとして、「レーダースクリーン」「チャート」「ニュース」「売買発注」というように分けて表示しておけば、あとは視点を動かすだけで、トレードに必要な情報が目に飛び込んできます。

これが1画面だけですべてをこなそうとすると、いちいち画面を切り替えながら見ていかなければなりません。

時間の無駄ですし、他の画面を見ているときに、トレードのチャンスを逃してしまうケースも考えられます。その意味でも、特に専業としてデイトレードなどの短期売買を手掛けるようになったら、そのときはマルチモニターを導入するようにしてください。

さて、少し前置きが長くなりましたが、いよいよ「投資力向上90日間プログラム」の全容について、詳しく説明していきましょう。

これをすべてこなせたとき、あなたの投資力は、それまでに比べて何段階も向上しているはずです。

# 1カ月目のプログラム

## 200銘柄バスケットの作成に全力を傾ける

**プログラム**

① 40個の業種やテーマを考える。
② レーダースクリーンに銘柄をインプットする。
③ 200銘柄バスケットの銘柄をチェックする。

**目標**

- 200銘柄バスケットを完成させる。
- テーマ、セクターごとの株価の動きの特徴をつかむ。

## プログラム①
# 40個の業種やテーマを考える

### 東証33業種プラス7つのテーマから銘柄を選ぶ

別に、「40」という数字に何か意味があるわけではありません。

「テーマと業種で40個も挙げておけば十分でしょう」という程度の話です。

だから、何が何でもテーマや業種を40個揃える必要はないのですが、1テーマ、あるいは1業種につき、それに関連した企業を5つずつ選ぶと、合計で200社になりますから、何となく収まりが良いように思えます。

なので、ここから先は、テーマや業種を40個選ぶという前提で、話を進めてまいります。

たとえば、東証株価指数は何業種から構成されているかご存じですか。そう、33業種です。具体的な業種は一覧表を作っておきましたので、それを参考にしてください。たとえば「水産・

## 表3-1 東証33業種からピックアップ

| 業種 | 銘柄数 | 業種 | 銘柄数 | 業種 | 銘柄数 |
|---|---|---|---|---|---|
| 水産・農林業 | 7 | 鉄鋼 | 32 | 空運業 | 3 |
| 鉱業 | 7 | 非鉄金属 | 24 | 倉庫・運輸関連業 | 23 |
| 建設業 | 101 | 金属製品 | 41 | 情報・通信業 | 183 |
| 食料品 | 81 | 機械 | 137 | 卸売業 | 171 |
| 繊維製品 | 40 | 電気機器 | 158 | 小売業 | 195 |
| パルプ・紙 | 12 | 輸送用機器 | 62 | 銀行業 | 86 |
| 化学 | 142 | 精密機器 | 31 | 証券、商品先物取引業 | 23 |
| 医薬品 | 39 | その他製品 | 53 | 保険業 | 10 |
| 石油・石炭製品 | 10 | 電気・ガス業 | 22 | その他金融業 | 24 |
| ゴム製品 | 11 | 陸運業 | 42 | 不動産業 | 65 |
| ガラス・土石製品 | 32 | 海運業 | 8 | サービス業 | 184 |

（注）銘柄数は2018年2月現在。

農林業」から5社、「食料品」から5社、「鉱業」から5社というように、33業種について5社ずつ（空運業は3銘柄）ピックアップするだけで、１６３社がリストアップできます。超簡単！

残りの7個については、業種ではなくテーマで選んでみましょう。

たとえば「ＡＩ」「ＩｏＴ」「オリンピック」「インバウンド」「軍需関連」といった、株式市場で話題を集めているテーマや、「来期増益期待」「赤字から黒字」「最高益更新」など業績に絡めたものなど、ちょっと頭を絞れば、いくつか出てくるでしょう。

難しく考える必要なんて全然ありません。

自分の興味が赴くまま、好きなものを挙げていけば良いのです。

## 最初に作る200銘柄バスケットは適当でいい

とにかく、このプログラムの1カ月目は、200銘柄リストを作るのが最大の目的ですから、200銘柄のピックアップを難しく考えすぎてしまい、ここから先に進めなくなるのは、何としてでも避けたいところです。

ぶっちゃけ言ってしまえば、最初に作る200銘柄バスケットは適当でいいのです。**ここでは適当に作っておき、作り込みはメンテナンスのときに行います。まずは、何が何でも200銘柄バスケットを完成させることが重要です。**

とはいっても、200銘柄は決して少ない銘柄数ではありませんから、特に初心者の方は数に圧倒されてしまうでしょう。「200銘柄なんて、どうやったって選べるはずがない」と、思う人がけっこういらっしゃるはずです。

なので、1日でどの程度をピックアップすれば良いのかを考えてみてください。平日だけで

1カ月は約20日。キリの良いところで20日にすると、1日あたり10銘柄をピックアップすれば良いことになります。

あるいは土日のどちらかで20銘柄を選ぶとすると、4週間で80銘柄。したがって平日は6銘柄ずつ選べば、1カ月間で２００銘柄バスケットを完成できます。

最初の1カ月で２００銘柄バスケットを作るときだけは、土日のどちらかを株式投資の勉強に使わせてもらうことで、家族の了承を取り付けられれば、平日、仕事で疲れた夜に無理しなくてもすむので、こちらのほうがお勧めです。

## 銘柄の見つけ方①『業界地図』を活用する

### 東証33業種から5社ずつ選ぶ

40個の業種とテーマと、それぞれに関連する会社を見つけるのに一番簡単な方法は、前述した『会社四季報 業界地図』を活用することです。

何しろ、ここに掲載されているのは176業界ですから、ここから将来性の高い40業界を選ぶという手もあります。

「将来性のある業界がわからない」という方でも大丈夫。**『業界地図』には「業界天気予想」が掲載されているので、これを活用すれば、将来が期待できる業界を簡単に選ぶことができます。**

この天気図は6つあります。具体的には、以下のとおりです。

**●快晴：**市場が急拡大し、大半の企業が利益を伸ばしている絶好調の状態。
**●晴れ：**市場は堅調に拡大傾向。上位企業を中心に安定的に成長している。
**●薄曇り：**停滞期（曇り）を抜けて、市場に好転の兆しが現れている。
**●曇り：**市場が横ばい。成長余地に乏しく、各社の利益が低迷、または低水準。
**●雨：**市場が縮小傾向。一部企業を除いて多くの企業で減益。
**●大雨：**市場が大幅に縮小しているか、構造的な不況状態。多くの企業が赤字や大幅減益に。

いま、私の手元にある『業界地図』は2018年版です。天気図は2017年度後半と2018年度が掲載されています。2017年度後半は、2018年3月期決算までの状況、2018年度は2018年4月から2019年3月までになりますから、ここを見れば中期の業界動向がおおよそ把握できます。

## 快晴マークの業界から銘柄を絞り込む

2017年度後半と2018年度の両方ともに「快晴」のマークが付いているのが、「AI」や「クラウド」「IoT・ビッグデータ」「東京五輪」「産業ロボット」などです。この手の業界は、ここしばらく絶好調であると予想されるので、外せません。

「東京五輪」関連を見ると、関連業界としては、「建設／建設資材」「放送・広告」「宿泊・観光・交通関連」「設備・設営」「警備」「スポーツ」などが含まれます。

こうした関連業界のうち、たとえば放送は「放送・全国紙」という業界にも属していて、この天気予想は、２０１７年度後半と２０１８年度の両方とも「雨」です。つまり、東京オリンピック開催による特需は期待できるけれども、業界そのものは構造的に厳しいということです。

この点、「警備」は、快晴が続く東京五輪関連であるのと同時に、「警備業界」そのものも快晴が続きます。家庭向け、法人向けの両方とも、セキュリティ対策強化で需要が安定しているというのが、快晴マークの理由です。

警備業界のように、複数の業界にわたって快晴マークが付いているような業界に関連している企業は、株価も期待できるはず。もちろん２００銘柄リスト入りです。

ちなみに、警備業界だったら何を選ぶか。

## 図3-1　快晴マークの業界から銘柄をピックアップ

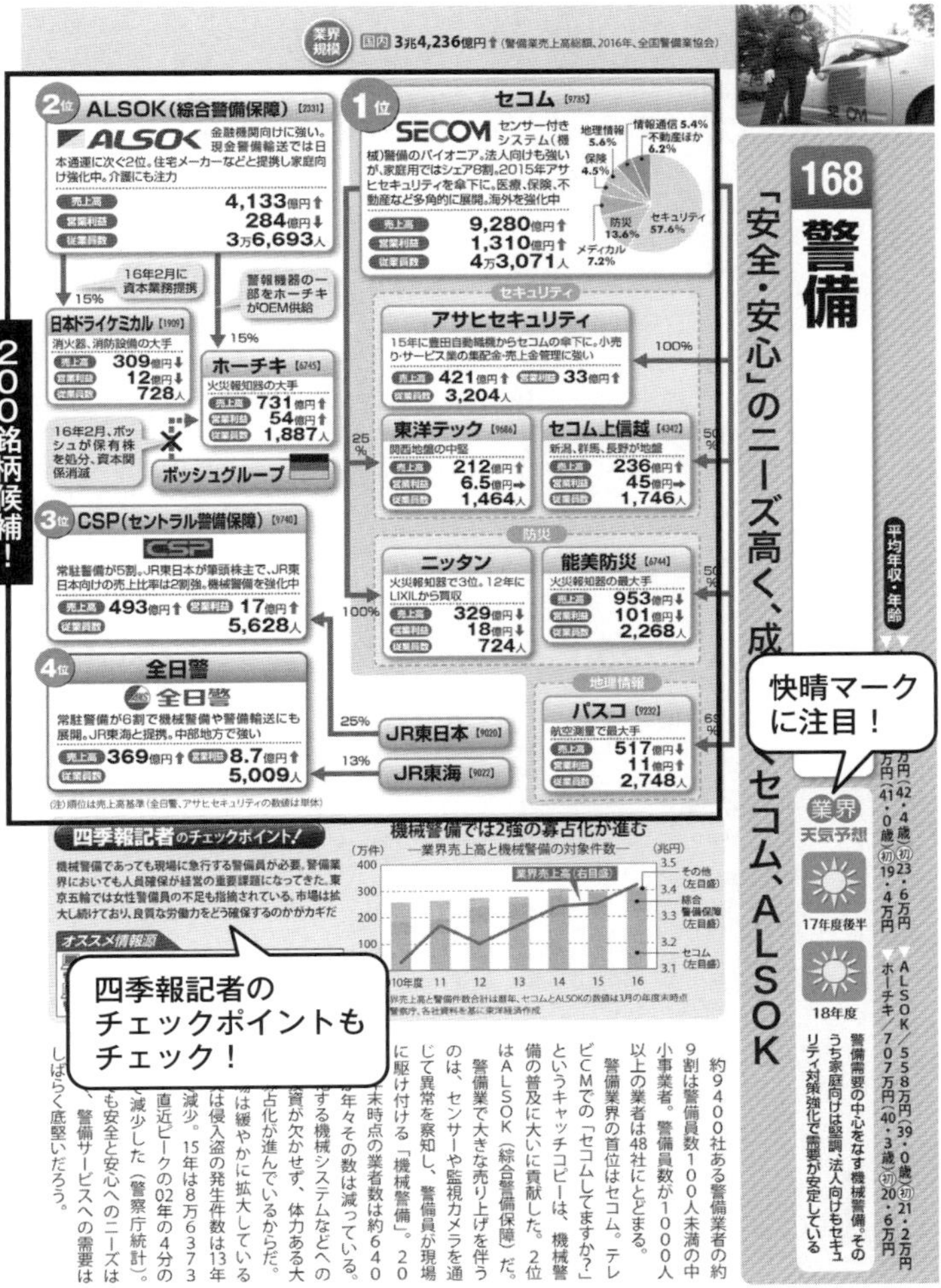


（出所）『会社四季報 業界地図』2018年版。

『業界地図』に掲載されている「四季報記者のチェックポイント！」を見ると、「機械警備では2強の寡占化が進む」と書かれており、それはセコム（９７３５）とＡＬＳＯＫ（２３３１）のこと。これはリストに入れておく。

他に、警備業界で上場されている企業としては、業界3位のＣＳＰ（９７４０）があるので、これもリスト入り。

さて、残り2銘柄をどうするか。ちょっと視点を変えて、たとえばＡＬＳＯＫが15％出資しているホーチキ（６７４５）とか、同じく火災報知器では、セコムが50％出資している能美防災（６７４４）という会社もあります。これで警備業界は5銘柄が揃いました。

どうです。簡単でしょう。

いま、私が警備業界で5銘柄を選びましたが、別に各社の財務諸表や損益計算書をじっくり分析したわけでも、電話でＩＲ担当者に話を聞いたわけでもありません。使った資料は『業界地図』のみです。これだけでも、２００銘柄リストを作り上げることができるのです。

## 銘柄の見つけ方②

# 『プロ500』を活用する

### テーマから銘柄を絞り込む

通称『プロ５００』。正式名称は『会社四季報 プロ５００』ですが、これも40個の業種・テーマを探すのに役立ちます。

『業界地図』は、大前提として１７６業界があり、そこから関連している企業はどこなのかという流れで個別銘柄を絞り込んでいくわけですが、『プロ５００』の場合は、テーマから絞り込んでいく形になります。

たとえば、２０１８年新春号を見ると、巻頭で10の注目テーマが挙げられています。「好業績」「高ＲＯＥ」「高配当」「キャッシュリッチ」「少額投資」「内需・ディフェンシブ」「新興・中小型株」「働き方改革」「アジア・新興国」「大化け期待」がそれです。

## 図3-2 注目テーマから銘柄をピックアップ

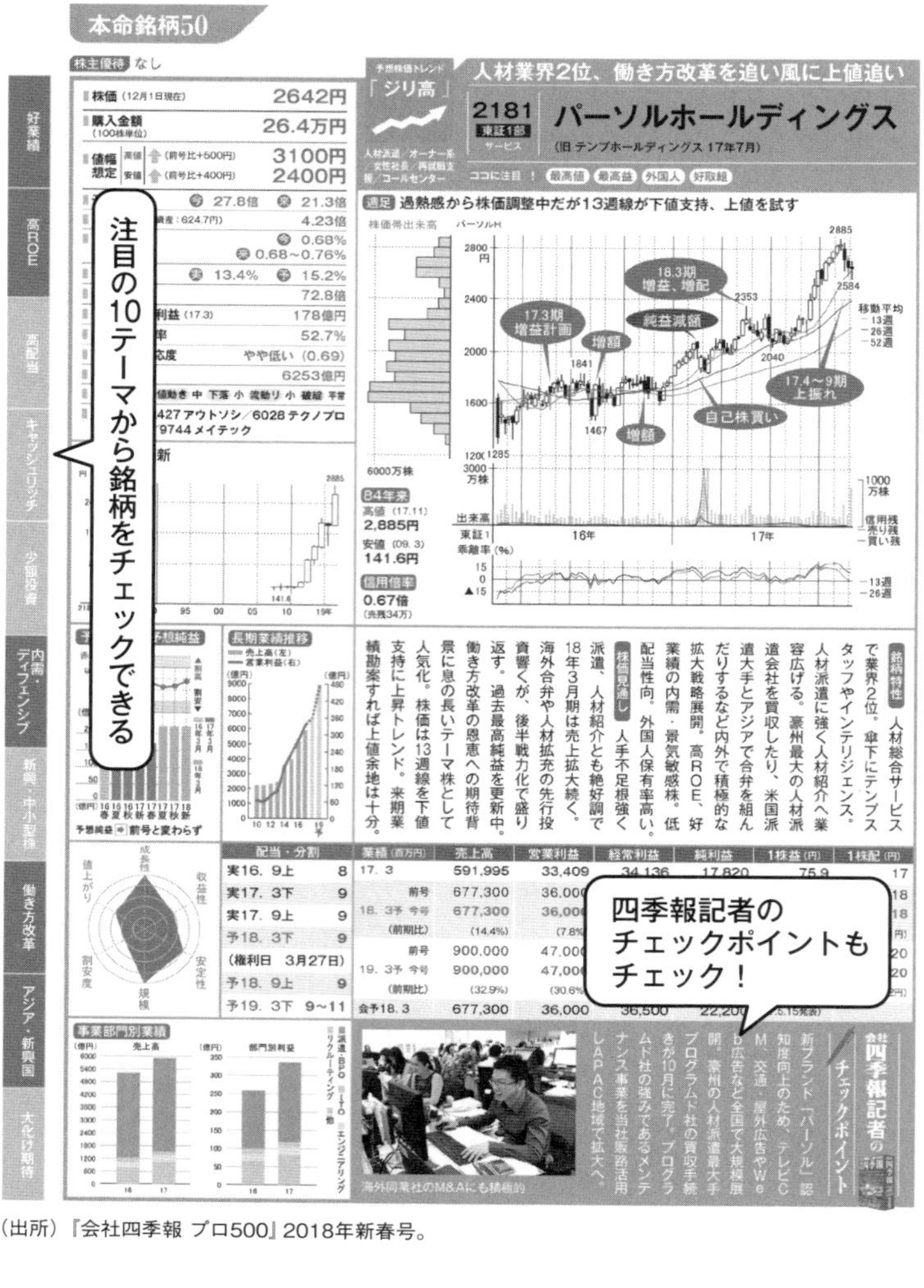


（出所）『会社四季報 プロ500』2018年新春号。

記事には、「短期の値上がり益重視の投資家は、新興・中小型株、働き方改革、アジア・新興国、大化け期待の4テーマから選んでみてはいかがだろうか」という解説まで書かれており、スイングトレードの場合、どのテーマを狙うべきなのかという目安にもなります。

また個別に500銘柄を見ていくと、1銘柄に対して単独の注目テーマで分類されているのではなく、複数のテーマが関連している銘柄もたくさんあります。

たとえば、パーソルHD（2181）の場合、「好業績」「高ROE」「内需・ディフェンシブ」「働き方改革」「アジア・新興国」という5つの注目テーマに関連しています。

**株式市場では常に注目テーマが移り変わり、その都度、異なるテーマが物色されていきますから、単独のテーマで注目されている銘柄よりも、複数テーマで注目されている銘柄のほうが、どのような局面でも比較的安定して物色されることが期待されます。**

## 銘柄の見つけ方③ 四季報オンラインを活用する

### ニコちゃんマーク2つの銘柄をピックアップ

『業界地図』も『プロ500』も、ベースになるのは『会社四季報』です。

ということは、それらのベースとなっている『会社四季報』を見れば、より有効な情報が入手できるのでしょうか。

これは答えに窮するところではありますが、まずすべての上場企業の情報を一覧できる点では、『会社四季報』が優れています。『業界地図』も『プロ500』も、全上場企業の一部が掲載されているに過ぎないからです。

もちろん企業取材の専門家が選りすぐった企業ですから、『業界地図』や『プロ500』に掲載されている銘柄は、実際に株式市場で売買している私の眼から見ても、納得感のあるものばかりです。

とはいっても、ひょっとしたら取りこぼしている銘柄があるかもしれません。この点、『会社四季報』は全上場企業の情報が掲載されていますから、その情報から将来、株価が上昇すると思われる銘柄を発掘できるという選択眼に自信を持っている人なら、『会社四季報』のほうが使いやすいかもしれません。

ただ、これは『業界地図』や『プロ500』にも当てはまることですが、『会社四季報』の場合、発売が四半期ベースなので、どうしても今回の発売日から次回の発売日までの間、情報がアップデートされないという問題に直面します。

それを埋めるものとして活用したいのが、「会社四季報オンライン」です。

四季報オンラインは無料で見られるページもありますが、これだと『会社四季報』よりも情報量が少ないので、最低でもベーシックプランは申し込んだほうが良いでしょう。月々の料金は1000円（税抜）です。また上級者、プロ仕様としてプレミアムプランもありますが、こちらの料金は毎月5000円（税抜）です。けっこう高額なので、払ったお金を回収する自信

## 図3-3 ニコちゃんマークの銘柄をピックアップ

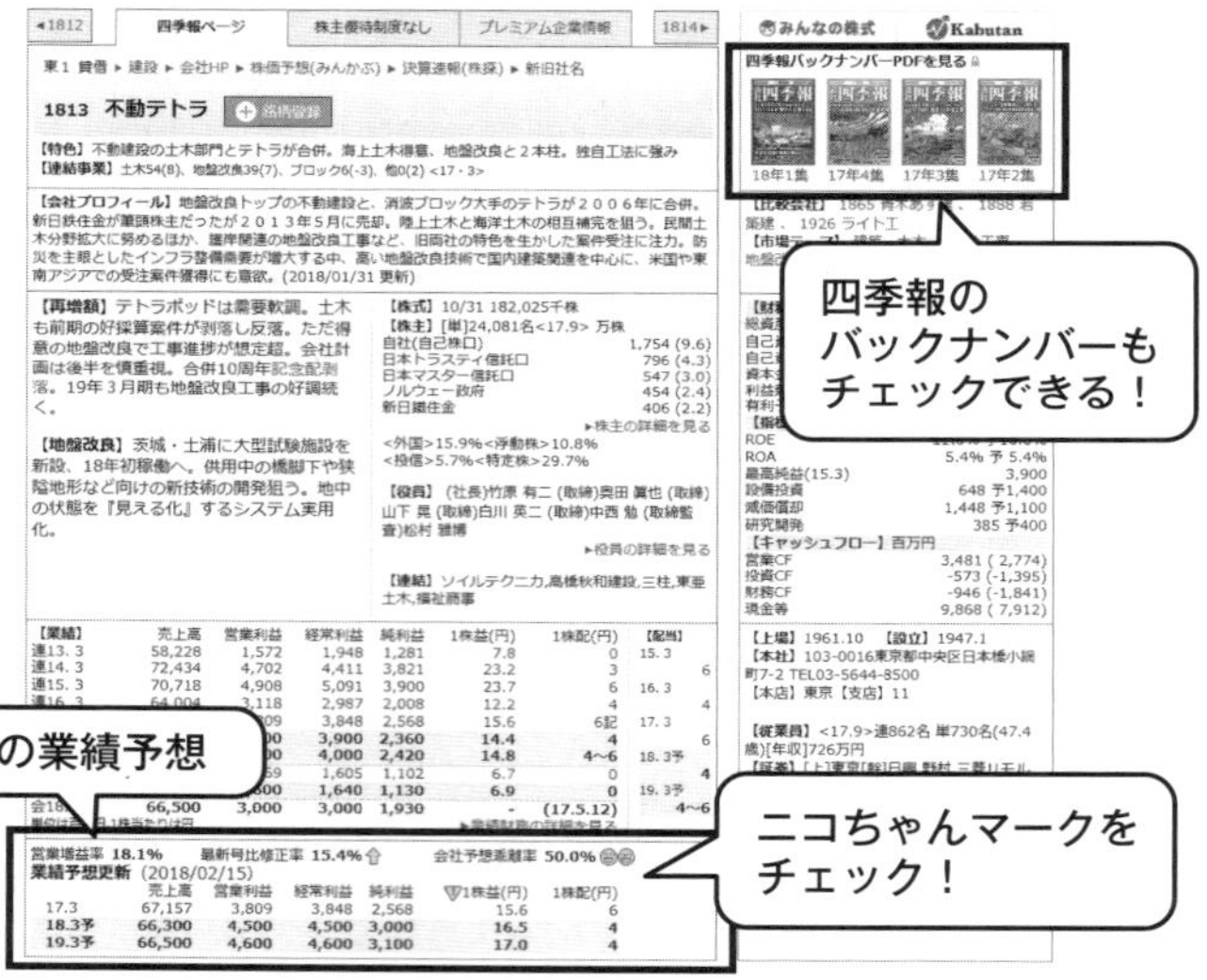


（出所）会社四季報オンライン（https://shikiho.jp）。

があるならば、申し込んでみても良いでしょう。まあ、ベーシックプランでも十分です。

四季報オンラインの場合、『会社四季報』に掲載されている項目はもちろんカバーしていますし、大量保有速報や適時開示情報などがリアルタイムで更新されます。

一定条件のもとに銘柄を選び出すスクリーニングや、ランキングも表示できます。実際に使ってみると便利ですよ。

その他、業績を重視して銘柄を選ぶ人は、恐らく業績上方修正銘柄を発掘したいでしょう。その場合は、会社予想の業績に対して、記者予想がどの程度、乖離しているのかを示す記号があります。いわゆる「ニコちゃんマーク」ですが、これが２つ付いていると、記者予想が30％以上、１つだと３％以上30％未満、上方に乖離していることを意味します。

逆に、「ダメダメマーク」が１つだと３％以上30％未満の下方乖離、２つだと30％以上の下方乖離になります。

**当然、上方乖離している銘柄ほど、業績が上方修正される可能性が高く、逆に下方乖離している銘柄ほど、業績が下方修正されるリスクが高いことになります。**

同じマークは、実は『会社四季報』にも付いているので、オンライン媒体の強みというわけではないのですが、『会社四季報』を活用して、まだ手付かずの有望銘柄を発掘したいと考えている人は、『会社四季報』をパラパラめくりながら、この記号をチェックして、銘柄をピックアップするという手もあります。

銘柄の見つけ方④

# 新聞や雑誌の記事を活用する

## 記事はスクラップしておこう

いまではオールドメディアのイメージが強い新聞や雑誌も、200銘柄バスケットを選ぶのに役立ちます。

もちろん、新聞といえば『日本経済新聞』が筆頭でしょう。日本経済新聞社は、本紙以外にも『日経ヴェリタス』とか『日経MJ』といった専門紙を発行していますし、雑誌なら『週刊東洋経済』や『週刊ダイヤモンド』『日経ビジネス』が代表的なところでしょう。

こうした媒体には、株価に影響を及ぼしそうな材料が、いろいろ掲載されていますから、そこから200銘柄バスケットを作るのに必要な材料を探すのです。

ただ単に記事を読むだけでなく、それをスクラップしておけば、後から読み返すこともできるので便利です。

最近の記事を、私のスクラップブックから引っ張り出すと、いろいろヒントになる記事がありました。見出しを列挙すると……、

**①爆買い一巡でも期待できるインバウンド銘柄**

**②戸建てや中古物件が実需の受け皿に**

**③８月に年初来安値を付けた銘柄は内需・値動き安定型が目立つ**

**④投信の保有比率が低かった割安業種が買われている**

**⑤新興国・資源国通貨が４～６月期業績に与えた主な影響**

**⑥主なセキュリティ関連銘柄**

というような記事があり、それぞれ一覧表も掲載されています。

これなどは、丸パクリしちゃっても良いと思います。①の記事は、まさに見出しどおりで、インバウンド関連で今期最終利益予想が期待できる銘柄が掲載されていますし、②の記事は、

住宅関連企業の業績が好調であることを示しています。

③と④の記事は、ベータ値の低い銘柄や割安業種は、相場が下落したり、ディフェンシブ色が強かったりしても、株価が安定していることを示しているので、たとえば「相場下落に強い銘柄」といったテーマで、２００銘柄バスケットに入れておくという手があります。

⑤の記事は、新興国や資源国の通貨安（つまり円高）が、どの程度、利益に影響するのかを見ます。

**特に注目したいのは、「営業利益に占める割合」です。**

たとえばトヨタ自動車（７２０３）の場合、ロシアルーブルと豪ドルの対円レートが円高になったとき減益の影響は約４５０億円で、日産自動車（７２０１）の場合、メキシコペソやロシアルーブルの下落によって約４００億円の減益になりますが、営業利益に占める比率を比べると、トヨタ自動車の７％に対して、日産自動車は23％にも達します。

つまり、新興国や資源国の通貨が下落したとき、業績により大きく影響するのは、トヨタ自動車よりも日産自動車であることがわかります。

⑥の記事は、日本経済新聞にサイバーテロの記事が掲載されたときの一覧表です。「サイバーセキュリティ」というテーマで、ここに掲載されている銘柄をピックアップできます。

## 証券会社のレポートも活用しよう

その他、新聞や雑誌の記事以外でも活用できるものがあります。証券会社が顧客向けに発行しているレポートの類いがそれです。

この手のレポートは、各証券会社に口座を開けば、インターネットで自由にダウンロードできるものもありますし、有料のものもあります。個別銘柄が取り上げられたり、その時々で旬なテーマ、注目業界などの記事が掲載されていたりするので、新聞や雑誌と同じように活用しましょう。

これら、記事に掲載されていた一覧表などをコピーして（しなくても良いのですが）、ノートにペタペタ貼っていきます。

原始的と言われればそのとおりなのですが、地道な努力の積み重ねが、いずれ大きく花咲くことを信じて、はさみとノリを使ってスクラップをしていきましょう。

## 銘柄の見つけ方⑤ ランキングやネット情報を活用する

### 52週の高値突破銘柄に注目する

インターネット証券会社のトレーディングツールには、さまざまなランキング機能が実装されています。これも、200銘柄バスケットを作成する際のヒントになります。

たとえば、「出来高急増5日平均」とか「上昇率3日平均」といったランキングが作れるので、その上位にある銘柄をピックアップするのも良いですし、まさにいま「年初来高値」を付けた、あるいは付けにいこうとしている銘柄をピックアップするという手もあります。

**年初来高値については、52週の高値突破銘柄でスクリーニングします。52週とは、364日ですから、ここで高値を付けにきた銘柄は年初来高値を抜いたことになります。**

## 図3-4　52週高値比100%よりも少し低い銘柄に注目

| | 銘柄コード | 銘柄名 | 始値 | 高値 | 安値 | 当日取引数量 | VWAP | 52週高値安値ライン 52週高値 | 52週安値 | 現在の%位置 |
|---|---|---|---|---|---|---|---|---|---|---|
| 1 | TOPIX Mid-400 (401) | | | | | | | | | |
| 2 | 3659-TS | ネクソン | 3,935 | 3,995 | 3,890 | 1,186,500 | 3,969 | 3,975 | 1,667 | 100.00% |
| 3 | 3765-TS(M) | ガンホー・オンライン・エンターテイメント | 388 | 407 | 384 | 46,165,300 | 397 | 382 | 245 | 100.00% |
| 4 | 3941-TS | レンゴー | 929 | 941 | 923 | 1,276,900 | 935 | 920 | 603 | 100.00% |
| 5 | 4587-TS | ペプチドリーム | 4,865 | 5,080 | 4,840 | 1,718,700 | 4,973 | 4,860 | 2,550 | 100.00% |
| 6 | 6856-TS | 堀場製作所 | 7,800 | 7,950 | 7,770 | 160,800 | 7,879 | 7,900 | 5,920 | 100.00% |
| 7 | 8088-TS | 岩谷産業 | 4,150 | 4,175 | 4,120 | 125,500 | 4,151 | 4,145 | 3,045 | 100.00% |
| 8 | 4768-TS | 大塚商会 | 9,830 | 9,920 | 9,740 | 172,300 | 9,853 | 9,930 | 5,680 | 99.53% |
| 9 | 6481-TS | THK | 4,755 | 4,815 | 4,710 | 946,900 | 4,754 | 4,775 | 2,654 | 99.06% |
| 10 | 4543-TS | テルモ | 5,570 | 5,630 | 5,540 | 767,700 | 5,597 | 5,640 | 3,835 | 98.89% |
| 11 | 4118-TS | カネカ | 1,103 | 1,107 | 1,087 | 592,000 | 1,096 | 1,105 | 815 | 97.59% |
| 12 | 8130-TS | サンゲツ | 2,256 | 2,266 | [illegible] | [illegible] | [illegible] | [illegible] | [illegible] | 96.80% |
| 13 | 3105-TS | 日清紡ホールディングス | 1,651 | 1,660 | | | | | | 96.74% |
| 14 | 8628-TS | 松井証券 | 1,067 | 1,080 | | | | | | 96.63% |
| 15 | 8219-TS | 青山商事 | 4,480 | 4,490 | | | | | | 96.60% |
| 16 | 7951-TS | ヤマハ | 4,755 | 4,815 | | | | | | 96.34% |
| 17 | 2127-TS | 日本M＆Aセンター | 6,950 | 6,960 | 6,820 | 346,300 | 6,862 | 6,980 | [illegible] | 96.08% |
| 18 | 4151-TS | 協和発酵キリン | 2,328 | 2,348 | 2,316 | 1,127,100 | 2,334 | 2,371 | 1,642 | 95.88% |
| 19 | 4530-TS | 久光製薬 | 7,340 | 7,780 | 7,330 | 219,200 | 7,625 | 7,840 | 4,985 | 95.45% |
| 20 | 9697-TS | カプコン | 4,510 | 4,510 | 4,375 | 582,500 | 4,426 | 4,540 | 2,107 | 95.27% |
| 21 | 8028-TS | ユニー・ファミリーマートホールディングス | 7,830 | 8,050 | 7,780 | 613,400 | 7,957 | 8,170 | 5,500 | 94.76% |
| 22 | 4922-TS | コーセー | 20,180 | 20,370 | 20,120 | 231,600 | 20,235 | 20,910 | 9,430 | 94.08% |
| 23 | 4004-TS | 昭和電工 | 5,330 | 5,340 | 5,180 | 1,304,500 | 5,247 | 5,480 | 1,693 | 93.93% |
| 24 | 4581-TS | 大正製薬ホールディングス | 9,760 | 9,880 | 9,750 | 49,000 | 9,828 | 9,980 | 7,900 | 93.75% |

100%より少し低い
銘柄に注目！

（出所）マネックス証券「トレードステーション」の52週高値比画面。

**また、高値を抜けた銘柄だけでなく、いよいよ高値を抜けそうな銘柄にも注目したいところです。**年初来高値を更新してから、株価の上昇に加速がつく銘柄もありますが、Bコミ流の年初来高値更新銘柄は、高値を更新してから仕掛けるのでは遅いのです。

なぜなら、高値を抜けたからといって、必ず上がる保証はどこにもないからです。

高値を更新したものの、それが株価のピークで、そこから下落に転じたときも、余裕を持って手仕舞えるように、仕掛けは年初来高値を更新する少し前にするべきでしょう。

そのためには、52週の高値を抜けそうかどうかを見る必要があります。

マネックス証券のトレードステーションな

ら、「52週高値比」を算出できますから、これが役に立ちます。要するに、**この数値が100%になると年初来高値ツラ合わせになりますから、100%よりも少し低いパーセンテージのところで注目していくのです。**

## 適時開示情報に注意する

また、インターネット情報としては「適時開示」にも注意しておきましょう。

適時開示とは、株価に影響を及ぼすと思われる重要情報が生じたとき、上場企業はこれを即座に開示する義務を負っています。

この情報は、証券取引所のWEBサイトに掲載されますが、それと同時に、たとえば四季報オンラインのようなインターネットメディアや、各証券会社のトレードツールにも掲載されます。

**適時開示の中でも、たとえば業績や配当予想の修正銘柄があったときには注目しておくと良いでしょう。**業績の上方修正や配当の増額修正は、業績や株主の期待を高めるため、比較的長期的に物色されるテーマになりえます。

# プログラム② レーダースクリーンに銘柄をインプットする

## 手間をかけずにリストを作成しよう

いかがでしょうか。いきなり「２００銘柄バスケットを作れ」と言われたときは、「そんなものできるはずないだろう」と思った人も、いままで説明してきたような方法なら、簡単にできるような気がしませんか。

実際、２００銘柄バスケットを完成させるのは、それほど大変なことではありません。銘柄選びに興味がある人なら、恐らく作業をしている間、時間を忘れるくらいだと思います。

何となく「この銘柄には注目しておきたい」という見当がついてきたら、それを一覧表にしておく必要があります。

昔なら手書きでノートに書いたのでしょうが、いまはパソコンがあるので、それを積極的に活用しましょう。

私はマネックス証券の回し者ではありませんが、ぜひとも使いたいのがマネックス証券が提供している「トレードステーション」というツールです。

このツールに実装されている「レーダースクリーン」を起動させ、指定されている箇所に銘柄コードを打ち込むだけで、掲載したような一覧表ができ上がるのです。

実際に銘柄コードを打ち込むと、銘柄名、現在値、前日比、前日比%、VWAP、当日取引量、四本値、といった数字がリアルタイムで表示されます。

そして、ここからが重要な点なのですが、レーダースクリーンはカスタマイズもできるのです。**たとえば私の場合だと、「カスタムメモ」にテーマ、注目ポイントなどを記入しています。**

カスタムメモは複数挿入できるので、たとえば、次のように複数のテーマを記入しておけば良いでしょう。

●**カスタムメモ1：**オリンピック

## 図3-5　200銘柄バスケット

### ① レーダースクリーンに銘柄コードを打ち込む

| 銘柄コード | 銘柄名 | 現在値 | 前日比 | 前日比% | VWAP | 当日取引量 | 始値 | 高値 | 安値 | 前日終値 | 業種 |
|---|---|---|---|---|---|---|---|---|---|---|---|
| 1815 | | | | | | | | | | | |
| | | | | | | | | | | | |
| | | | | | | | | | | | |

各項目の数字がリアルタイムで表示される

| 銘柄コード | 銘柄名 | 現在値 | 前日比 | 前日比% | VWAP | 当日取引量 | 始値 | 高値 | 安値 | 前日終値 | 業種 |
|---|---|---|---|---|---|---|---|---|---|---|---|
| 1815 | 鉄道建設 | 3,150 | 5 | 0.16% | 3,141 | 42,200 | 3,150 | 3,160 | 3,110 | 3,145 | 建設業 |
| | | | | | | | | | | | |
| | | | | | | | | | | | |

### ② カスタムメモにテーマ、注目ポイントを記入する

| 銘柄コード | 銘柄名 | カスタムメモ1 | カスタムメモ2 | カスタムメモ3 | カスタムメモ4 | カスタムメモ5 |
|---|---|---|---|---|---|---|
| 1815 | 鉄道建設 | オリンピック | リニア | 土木 | 2/9 | |
| | | | | | | |
| | | | | | | |

### ③ 200銘柄を打ち込んで完成

| 銘柄コード | 銘柄名 | 現在値 | 前日比 | 前日比% | VWAP | 当日取引数量 | 始値 | 高値 | 安値 | 前日終値 | 業種 | カスタムメモ1 | カスタムメモ2 | カスタムメモ3 | カスタムメモ4 |
|---|---|---|---|---|---|---|---|---|---|---|---|---|---|---|---|
| 3540-JQ | 歯愛メディカル | 11,950 | 1,950 | 19.50% | 11,530 | 1,194,200 | 10,600 | 12,390 | 10,450 | 10,000 | 卸売業 | 新興成長株 | | | 決算日 |
| 3559-TS | ピーバンドットコム | 2,679 | 17 | 0.64% | 2,681 | 18,800 | 2,712 | 2,712 | 2,661 | 2,662 | 卸売業 | 昔のIPO | | | 決算日 |
| 7521-JQ | ムサシ | 1,959 | -45 | -2.25% | 1,960 | 9,200 | 1,952 | 1,984 | 1,950 | 2,004 | 卸売業 | 選挙 | | | 決算日 |
| 8088-TS | 岩谷産業 | 4,160 | 25 | 0.60% | 4,151 | 125,500 | 4,150 | 4,175 | 4,120 | 4,135 | 卸売業 | 水素 | | | 決算日 |
| 8154-TS | 加賀電子 | 2,753 | 1 | 0.04% | 2,753 | 66,800 | 2,783 | 2,796 | 2,741 | 2,752 | 卸売業 | 半導体 | | | 決算日 |
| 9880-TS | イノテック | 1,280 | 12 | 0.95% | 1,291 | 147,300 | 1,278 | 1,321 | 1,270 | 1,268 | 卸売業 | インテル | | | 決算日 |
| 9896-TS | JKホールディングス | 913 | -1 | -0.11% | 914 | 32,700 | 921 | 924 | 904 | 914 | 卸売業 | M&A | 悪材料 | | 決算日 |
| 4519-TS | 中外製薬 | 5,540 | 150 | 2.78% | 5,533 | 605,700 | 5,470 | 5,560 | 5,470 | 5,390 | 医薬品 | インフルエンザ | | | 決算日 |
| 4536-TS | 参天製薬 | 1,737 | 44 | 2.60% | 1,731 | 779,800 | 1,708 | 1,744 | 1,700 | 1,693 | 医薬品 | 外国人投資家 | | | 決算日 |
| 4549-TS | 栄研化学 | 5,130 | 10 | 0.20% | 5,140 | 48,400 | 5,220 | 5,220 | 5,110 | 5,120 | 医薬品 | インフルエンザ | | | 決算日 |
| 4593-TS | ヘリオス | 1,929 | 68 | 3.65% | 1,908 | 183,400 | 1,896 | 1,930 | 1,888 | 1,861 | 医薬品 | 再生医療 | | | 決算日 |
| 4597-TS(M) | ソレイジア・ファーマ | 309 | 0 | 0.00% | 311 | 1,117,100 | 311 | 313 | 309 | 309 | 医薬品 | 昔のIPO | | | 決算日 |
| 4004-TS | 昭和電工 | 5,250 | 0 | 0.00% | 5,247 | 1,304,500 | 5,330 | 5,340 | 5,180 | 5,250 | 化学 | 電池 | | | 決算日 |
| 4047-TS | 関東電化工業 | 1,250 | 6 | 0.48% | 1,252 | 368,000 | 1,261 | 1,267 | 1,242 | 1,244 | 化学 | 電池 | | | 決算日 |
| 4091-TS | 大陽日酸 | 1,569 | 0 | 0.00% | 1,572 | 256,500 | 1,584 | 1,584 | 1,566 | 1,569 | 化学 | 水素 | | | 決算日 |
| 4109-TS | ステラ ケミファ | 2,839 | 105 | 3.84% | 2,842 | 192,100 | 2,795 | 2,880 | 2,792 | 2,734 | 化学 | 電池 | | | 決算日 |
| 4189-TS | KHネオケム | 3,115 | 15 | 0.48% | 3,125 | 117,000 | 3,140 | 3,145 | 3,110 | 3,100 | 化学 | 昔のIPO | | | 決算日 |
| 4208-TS | 宇部興産 | 3,310 | 150 | 4.75% | 3,338 | 2,099,400 | 3,340 | 3,415 | 3,295 | 3,160 | 化学 | 電池 | | | 決算日 |
| 4240-JQ | クラスターテクノロジー | 795 | -14 | -1.73% | 806 | 34,300 | 824 | 824 | 793 | 809 | 化学 | 3Dプリンター | | | 決算日 |
| 4274-JQ | 細谷火工 | 1,508 | -71 | -4.50% | 1,525 | 129,300 | 1,600 | 1,614 | 1,450 | 1,579 | 化学 | 防衛関連 | | | 決算日 |
| 4406-TS | 新日本理化 | 273 | 4 | 1.49% | 277 | 577,000 | 274 | 281 | 272 | 269 | 化学 | 3Dプリンター | | | 決算日 |
| 4612-TS | 日本ペイントホールディング | 3,875 | 45 | 1.17% | 3,880 | 493,200 | 3,890 | 3,935 | 3,845 | 3,830 | 化学 | 外国人投資家 | | | 決算日 |
| 9307-TS | 杉村倉庫 | 1,309 | -76 | -5.49% | 1,333 | 971,400 | 1,358 | 1,362 | 1,293 | 1,385 | 庫・運輸関連 | カジノ | | | 決算日 |
| 9353-TS | 櫻島埠頭 | 307 | -2 | -0.65% | 309 | 35,000 | 314 | 314 | 306 | 309 | 庫・運輸関連 | カジノ | | | 決算日 |
| 3244-TS | サムティ | 1,930 | 34 | 1.79% | 1,931 | 237,200 | 1,930 | 1,954 | 1,909 | 1,896 | 不動産業 | 不動産 | | | 決算日 |
| 3271-TS | THEグローバル社 | 924 | 4 | 0.43% | 931 | 122,500 | 939 | 941 | 921 | 920 | 不動産業 | 不動産 | | | 決算日 |
| 3286-TS | トラストホールディングス | 433 | 3 | 0.70% | 432 | 12,800 | 432 | 435 | 430 | 430 | 不動産業 | 警備 | | | 決算日 |
| 3479-TS | ティーケーピー | 4,135 | 160 | 4.03% | 4,055 | 78,600 | 4,015 | 4,135 | 3,945 | 3,975 | 不動産業 | 新興成長株 | | | 決算日 |
| 8804-TS | 東京建物 | 1,722 | 31 | 1.83% | 1,715 | 756,500 | 1,707 | 1,726 | 1,693 | 1,691 | 不動産業 | 不動産 | | | 決算日 |
| 8892-TS | 日本エスコン | 1,004 | -24 | -2.33% | 1,021 | 945,900 | 1,044 | 1,052 | 999 | 1,028 | 不動産業 | 不動産 | | | 決算日 |
| 3955-TS | イムラ封筒 | 520 | 2 | 0.39% | 519 | 900 | 520 | 520 | 518 | 518 | パルプ・紙 | 選挙 | | | 決算日 |
| 2144-JQ | やまねメディカル | 246 | 1 | 0.41% | 246 | 6,200 | 247 | 247 | 245 | 245 | サービス業 | 介護 | | | 決算日 |
| 2158-TS | FRONTEO | 765 | 14 | 1.86% | 766 | 262,400 | 746 | 775 | 746 | 751 | サービス業 | AI | ビッグデータ | | 決算日 |
| 2193-TS | クックパッド | 602 | 13 | 2.21% | 601 | 1,207,100 | 592 | 609 | 591 | 589 | サービス業 | 悪材料 | | | 決算日 |
| 2370-TS | メディネット | 130 | 0 | 0.00% | 129 | 813,300 | 130 | 131 | 128 | 130 | サービス業 | 再生医療 | | | 決算日 |
| 2372-TS(M) | アイロムグループ | 3,150 | 60 | 1.94% | 3,128 | 370,000 | 3,125 | 3,185 | 3,055 | 3,090 | サービス業 | 再生医療 | | | 決算日 |
| 2374-TS | セントケア・ホールディング | 743 | 10 | 1.36% | 751 | 145,300 | 744 | 771 | 736 | 733 | サービス業 | 介護 | | | 決算日 |
| 2398-TS | ツクイ | 845 | 12 | 1.44% | 845 | 192,000 | 843 | 849 | 841 | 833 | サービス業 | 介護 | | | 決算日 |

（出所）マネックス証券「トレードステーション」のレーダースクリーン画面。

**●カスタムメモ2：**リニア
**●カスタムメモ3：**土木
**●カスタムメモ4：**2／9

ちなみに「2／9」というのは、決算日が2月9日であることを示しています。

まあ、私の場合、かなりランダムな書き方になっているのですが、ちゃんとした人だったら、たとえばカスタムメモ1を外需か内需で分け、それでまず大きく2つにグルーピングしたうえで、カスタムメモ2以降に、自由にテーマなどを入れていくという手もあります。

外需と内需に分けると、たとえば為替レートが動いたとき、外需株と内需株とでは、株価の動きにどのような違いがあるのかを見られるので、参考になるはずです。外需株は円安で値上がりし、円高で値下がりする。内需株はその逆ってことです。

**で、もう1つ大事なのは、テーマをできるだけ分散させること。**

まあ、200銘柄もあれば、放っておいてもテーマは分散するはずですが、たとえばかなりの銘柄が「ＥＶ関連」に偏っていたら、ＥＶが相場のテーマとして蚊帳の外にあるとき、２０銘柄バスケットの銘柄の株価に動きがなくなってしまいます。

だから、意識してテーマを分散させるように心掛けてください。

## テクニカル指標も入れる

レーダースクリーンのカスタムメモについては前述したとおりですが、このツールには、他にもさまざまな投資判断の材料を加えることができます。たとえば、各種テクニカル指標などは、本書の読者も関心のあるところでしょう。

「高値ブレイク」と「安値ブレイク」は、過去の高値を超えたところで買うという投資スタンスの投資家には、非常に役立ちます。

トレードステーションでは、過去14日間の値動き、あるいは52週の値動きから、高値ブレイクや安値ブレイクを表示してくれます。

たとえば高値ブレイクだと、いまの株価が高値から何％の水準にあるのかを示してくれます。この数字が80％くらいになると高値圏であり、90％まで上昇していると、そろそろ高値をブレイクする可能性が高いと判断できます。

その他、ＲＳＩ（相対力指数）やボリンジャーバンドも表示されます。というか、それ以外のテクニカル指標もたくさん選択できるので、自分で使ってみて、しっくりくるテクニカル指標を選んだほうが良いでしょう。

ボリンジャーバンドは通常、上下に２σ（シグマ）のラインが引かれ、それにタッチするとそろそろ下落、もしくは上昇に転じると考えられています。ちなみに、２σに株価が収まる確率は95・45％ですから、ほとんどの値動きは、プラスマイナス２σの範囲内に収まります。

これだと、大天井もしくは大底を付けたサインにはならないので、私は１σでボリンジャーバンドのサインが出るようにしています。

ボリンジャーバンドで１σ内に株価が収まる確率は、68・27％ですから、２σに比べると、圧倒的に売買サインが頻繁に生じます。

「上昇取引回数」は、アップティックをどれだけ付けたか、という意味で用いられています。短期のトレーダーは、上昇取引回数が高いものを選んでいます。

## プログラム③
# ２００銘柄バスケットの銘柄をチェックする

**もし余裕があれば……**

一応、２００銘柄バスケットを完成させるのに、２週間という期間を設けたわけですが、恐らく最初はなかなか2週間では完成しないかもしれません。

そういうときは無理をせず、１カ月で２００銘柄バスケットを完成させるくらいの気持ちでいっても良いと思います。

**リストアップが順調に進み、本当に2週間で200銘柄バスケットが完成した場合は、残りの2週間で、でき上がった200銘柄バスケットの銘柄をチェックするようにしましょう。**

前述したように、兼業投資家の方は日中仕事がありますから、２００銘柄バスケットのチェックは仕事から帰ってから、1時間程度で、ざっと眺めるようにしてください。

**1時間程度でも、毎日のように繰り返していれば、テーマごとの値動きの全体像が見えてくるはずです。それを続けているうちに、テーマ、セクターごとの特徴みたいなものが、徐々にわかってくるでしょう。**

200銘柄バスケットのメンテナンスで、銘柄の入れ替えまでできれば最高ですが、そこまで高望みはしません。

というか、そこまでたどり着くのは大変だと思います。

だから、まず1カ月目は200銘柄バスケットを完成させることと、もし時間が余っているようなら、200銘柄バスケットの株価の値動きをウォッチしておきましょう。

**テーマ、セクターごとの特徴がわかってくれば、1カ月目の成果としては十分です。**

200銘柄バスケットをチェックしているうちに、どうしてこの銘柄、テーマが値上がりしたのか、あるいは値下がりしたのかということを、自分の頭で考えられるようになるはずです。

その習慣が身につけば、あなたはもう養分イナゴにならずにすむでしょう。

# 2カ月目のプログラム

## 作成した200銘柄のリストから20銘柄を選別することに全力を尽くす

**プログラム**

④ 200銘柄バスケットから20銘柄を抽出する。

**目標**

- 20銘柄バスケットを完成させる。
- ツイッターは極力見ないようにする。

## プログラム④

# 200銘柄バスケットから20銘柄を抽出する

### 市場やセクターを分散して選ぶ

2カ月目は、200銘柄バスケットの中から、20銘柄を抽出します。この20銘柄が、90日プログラムを終了してから実際にトレードをする際の候補銘柄になります。

したがって、これから抽出する20銘柄は、いまの相場に合うものを選ぶ必要があります。

まず、20銘柄バスケットの事例を見てもらったほうが、話は早いと思います。ざっと見て、何か気づきませんか。**それは、市場やセクター、取り上げた理由がバラバラであることです。**

もし、投資している銘柄の上場市場が東証マザーズに偏っていたら、大型株ばかりに資金が流れたとき、東証マザーズの株価は値上がりせず、まったく身動きが取れなくなる恐れがあり

## 図3-6　20銘柄バスケット

| 銘柄コード | 銘柄名 | 現在値 | 前日比 | 前日比% | VWAP | 当日取引数量 | 始値 | 高値 | 安値 | 前日終値 | 業種 | カスタム項目1 | カスタム項目2 | カスタム項目3 | カスタム項目4 |
|---|---|---|---|---|---|---|---|---|---|---|---|---|---|---|---|
| 5351-TS | 品川リフラクトリーズ | 3,050 | -50 | -1.61% | 3,064 | 15,500 | 3,110 | 3,125 | 3,015 | 3,100 | ガラス・土石製品 | 窯業 | 子会社イソライト工業 | | 2/8 |
| 4833-JQ | ぱど | 685 | 4 | 0.59% | 687 | 19,300 | 689 | 695 | 682 | 681 | サービス業 | ライザップ | 株主優待新設期待 | | 2/13 |
| 9624-TS | 長大 | 851 | 11 | 1.31% | 848 | 29,400 | 849 | 857 | 838 | 840 | サービス業 | 橋梁 | 決算期ズレ | | 2/9 |
| 3244-TS | サムティ | 1,930 | 34 | 1.79% | 1,931 | 237,200 | 1,930 | 1,954 | 1,909 | 1,896 | 不動産業 | 不動産 | 11月株主優待 | 増資懸念 | 1/12 |
| 3161-TS | アゼアス | 626 | 4 | 0.64% | 628 | 64,000 | 631 | 639 | 621 | 622 | 卸売業 | インフルエンザ | 軍需 | | 12/13 |
| 3559-TS | ピーバンドットコム | 2,679 | 17 | 0.64% | 2,681 | 18,800 | 2,712 | 2,712 | 2,661 | 2,662 | 卸売業 | 昔のIPO | 半導体 | | 2/14 |
| 7618-TS | ピーシーデポコーポレーション | 793 | 2 | 0.25% | 790 | 200,500 | 799 | 800 | 782 | 791 | 小売業 | 悪材料 | 増益予想 | | 2/13 |
| 1815-TS | 鉄建建設 | 3,150 | 5 | 0.16% | 3,141 | 42,200 | 3,150 | 3,160 | 3,110 | 3,145 | 建設業 | オリンピック | リニア | 土木 | 2/9 |
| 3679-TS | じげん | 1,204 | 9 | 0.75% | 1,214 | 713,400 | 1,215 | 1,235 | 1,195 | 1,195 | 情報・通信業 | 新興成長株 | | | 2/13 |
| 3685-TS(M) | みんなのウェディング | 727 | -9 | -1.22% | 729 | 8,500 | 731 | 736 | 724 | 736 | 情報・通信業 | 今期増益 | 四季報増益 | 穐田さん効果 | 決算日 |
| 3981-TS(M) | ビーグリー | 1,669 | 44 | 2.71% | 1,658 | 159,200 | 1,640 | 1,686 | 1,636 | 1,625 | 情報・通信業 | 電子マンガ | 市場規模拡大 | | 2/13 |
| 6879-TS | イマジカ・ロボット　ホールディングス | 1,201 | 14 | 1.18% | 1,208 | 340,100 | 1,217 | 1,230 | 1,188 | 1,187 | 情報・通信業 | 来期増益期待 | 中堅証券カバー開始 | | 2/8 |
| 6125-TS | 岡本工作機械製作所 | 4,215 | -45 | -1.06% | 4,251 | 16,800 | 4,330 | 4,345 | 4,185 | 4,260 | 機械 | 半導体 | 機械 | | 2/13 |
| 6166-TS(M) | 中村超硬 | 6,300 | 0 | 0.00% | 6,439 | 214,400 | 6,400 | 6,590 | 6,300 | 6,300 | 機械 | 半導体 | 大幅増益期待 | | 2/9 |
| 7732-TS | トプコン | 2,354 | 10 | 0.43% | 2,348 | 324,300 | 2,378 | 2,378 | 2,330 | 2,344 | 精密機器 | 外国人投資家 | IT農業 | | 1/30 |
| 6493-TS | 日鍛バルブ | 380 | -1 | -0.26% | 382 | 43,800 | 384 | 384 | 380 | 381 | 輸送用機器 | 自動車部品 | 外資系大株主 | | 1/31 |
| 6839-TS | 船井電機 | 762 | 2 | 0.26% | 767 | 97,800 | 772 | 773 | 761 | 760 | 電気機器 | 赤字から黒字 | 信用取り組み妙味 | | 2/13 |
| 6905-TS | コーセル | 1,650 | -6 | -0.36% | 1,658 | 84,500 | 1,683 | 1,686 | 1,644 | 1,656 | 電気機器 | FA | 上方修正期待 | | 12/13 |
| 7244-TS | 市光工業 | 1,139 | -74 | -6.10% | 1,140 | 1,175,600 | 1,212 | 1,212 | 1,108 | 1,213 | 電気機器 | 自動車部品 | 親会社外資系 | | 2/中 |
| 2884-TS | ヨシムラ・フード・ホールディングス | 1,707 | -18 | -1.04% | 1,718 | 135,700 | 1,734 | 1,770 | 1,701 | 1,725 | 食料品 | M&A | チャート切り上がり | | 1/15 |

（出所）マネックス証券「トレードステーション」のレーダースクリーン画面。

ます。

なので、事例として挙げた20銘柄バスケットは、東証1部市場、東証2部市場、東証マザーズ市場にバランス良く分散してあります。

セクターも同様です。20銘柄中、複数銘柄でセクターが被っているのは機械と電気機器だけです。それも機械が2銘柄、電気機器が3銘柄ですから、別に特定のセクターに集中しているとは言えません。

よく「わからないものには投資するな」と言われますが、逆にわかるものにばかり資金を集中させると、セクター分散が効かなくなる恐れがあります。

お金は常に儲かりそうなところに向かって移動していますから、やはり複数のセクターにうまく分散させたほうが、こうしたお金の動きをとらえやすく、それだけ利益を得るチャンスにも恵まれます。

わからなければ、勉強して理解できるようにすれば良いのです。またセクター分散を効かせれば、複数のトレードアイデアを活かせるようになります。

## 選んだ理由も分散させよう

そして、ピックアップした理由ですが、これもバラバラです。

「トレードタイミングあり」が7銘柄で、これは比較的、同一の理由に集中していると思われる方も多いと思いますが、これはもともと私自身が、比較的短期のトレードを行う目的に抽出した20銘柄ですから、この手のコメントが多いのは当然のことです。

こうしたなかで、たとえばヨシムラ・フードHD（２８８４）のように「中長期で保有中」という理由もありますし、ＦＰＧ（７１４８）のように「カラ売り候補」もあります。

日精樹脂工業（６２９３）は「低ＰＥＲ、低ＰＢＲ」ですから、これもどちらかというと中長期保有狙いの銘柄ですし、三浦工業（６００５）も「アナリストレーティング」で中堅証券会社が「強気」であることを受けて、20銘柄バスケットに入れてあるので、やはり中長期狙いの銘柄になります。

**この20銘柄バスケットは、もともと200銘柄バスケットからピックアップした20銘柄なので、200銘柄バスケットを作るときに、本当ならできるだけ選んだ理由がばらけるようにする必要があります。**といっても、それを初心者が意識的に行うのは難しいことなので、とりあえずいまの段階では何も考えなくてけっこうです。

200銘柄もありますから、多少ピックアップした理由が被ったとしても、20銘柄に抽出する段階で、ある程度ばらけるはずです。もし被った場合には、後からメンテナンスすれば良いでしょう。まず、この段階では20銘柄バスケットを作ることに集中してください。

**何よりも大事なことは、200銘柄バスケットにしても20銘柄バスケットにしても、両方とも作る際に、理由を考えるところにあります。**

200銘柄バスケットを作るときは、200銘柄を選んだ理由、動機を考えながら選びますし、その中から20銘柄バスケットを抽出する際には、やはり他の銘柄と市場やセクター、理由が被らないように選んでいきます。

このように、自分で考えて選んでいくプロセスこそが、投資力を高めるもとになるのです。

銘柄の絞り込み方①

# ツイッターは極力見ないようにしよう

## ツイッターにはイナゴが跋扈している

恐らく多くの個人投資家から反発の声が上がってきそうなのですが、「ツイッターなんて見るな！」と強制したいところ。まあ、でも、そうは言っても見ちゃうんでしょうね。

なぜツイッター禁止令を出すのかというと、恐らくこの本を読んで、「自分の頭で考える投資家になりたい。そして株式投資で儲けたい」と思っている人の大半が、まだイナゴ投資家から脱却できていない恐れがあるからです。

イナゴ投資家なのに、大勢のイナゴが跋扈しているツイッターを見てどうするの、というわけです。

株の情報収集がツイッター中心になっていませんか？

1回5分を10回見ると50分です。２００銘柄バスケット作成に時間がとれない人はツイッター中毒かもしれません。

それに、ツイッターに書き込まれている銘柄情報を見て、２００銘柄バスケットを作る際のヒントにしようと思っても、ほとんど役に立ちません。なぜなら、そこにお宝はほとんどないからです。

これは本書の冒頭でも説明しましたが、殿様イナゴがなぜツイッターでつぶやくのかというと、それを読んで銘柄に飛びついてきた投資家を養分にしたいからです。

それに最近の傾向として、殿様イナゴが自分の身内に「今度はこの銘柄を仕掛けるよ」という情報を伝えるときは、ダイレクトメッセージ機能を使っています。

銘柄情報をツイッターの誰にでも見られるタイムラインに乗せてきた段階で、殿様イナゴとその身内の人たちは、すでに仕込みが完了しており、後は養分イナゴが株価を押し上げてくれるのを待っている段階だと考えて良いでしょう。

## それでも、禁断症状が出る人は……

ツイッターに上がってきた段階でその銘柄を仕込んでも、ほぼ手遅れということです。多少、儲かるかもしれませんが、その後には強烈な下げが来るでしょうから、それに巻き込まれないように注意する必要があります。

何よりも、大して儲からないのに、それだけ大きなリスクを取ることに、何のメリットがあるのかを、それこそ自分の頭でしっかり考えるべきだと思います。

ということで、せめて２００銘柄バスケットを作り、そこから20銘柄バスケットに絞り込む段階まで、ツイッターに書き込まれている銘柄情報は見ないというくらいの気概が欲しいところです。

とはいえ……、やっぱり見ちゃうんでしょうね。

本当は「厳禁」と言いたいところなのですが、ツイッター禁断症状が出るような人は、そこを無理するのも精神衛生上、あまり良くありませんから、見てもいいですよ。

ただし、いま私が申し上げたように、ツイッターに流れている銘柄情報は、ほとんど役に立たないということを、頭の片隅にでも良いので置いたうえで見るようにしてください。

# 銘柄の絞り込み方②
# 根強い人気テーマを入れる

## 一発屋芸人のようなテーマは入れない

いよいよ20銘柄に絞り込む際のポイントについて考えてみましょう。

いまが旬のテーマで、まだしばらくマーケットで物色対象になる可能性の高いものであれば、20銘柄バスケットに入れても良いのですが、すでに終わりかけているようなテーマは、入れないようにしましょう。

ブームが去った後、二度と注目されないようなテーマだったら、株価も低迷が続きます。

たとえば、環境、ＩＴ、ヘルスケア、バイオテクノロジー、資源、ロボティクス、自動運転、ＡＩ、ＩｏＴ、というように、株式市場で注目されるテーマを挙げていくと、それこそキリがないほどたくさんありますが、なかには物色されたものの、人気が一巡した後は、あっという間に忘れ去られてしまう、言うなれば「一発屋芸人」のようなテーマがあります。

私がまだ証券業界に入る前の話ですが、日本がバブル経済に沸いていた頃は、「ウォーターフロント」や「含み資産」といったテーマが株式市場で注目されました。

いまどき、こんなテーマは聞かないでしょ。

まあ、東京オリンピック関連ということで、ひょっとしたらウォーターフロント関連銘柄が再注目される可能性はありますが、仮にそうなったとしても、前回、脚光を浴びたときから数えると、実に30年もの歳月が経っているわけで、これでは一発屋と何も変わりません。

この手のテーマを20銘柄バスケットに入れても、次に物色されるのが30年後では、せっかちな投資家は待っていられないでしょう。

長期投資家だから30年後を見越して買えば良いなどと屁理屈を言う投資家もいるでしょうが、仮に30年後に吹いたとしても、そんな長期間、握り締めて待っているなんてのは、塩漬け株を持っているのと何ら変わりません。無意味です。

## 短いサイクルで繰り返し物色されるテーマを選ぼう

ということで、20銘柄バスケットに入れるテーマとしては、比較的短いサイクルで繰り返し物色されるものを選びます。

たとえば、株主優待銘柄。投資家の中には、株主優待を狙って銘柄を物色する人が必ず一定数います。**株主優待投資家は、物色対象となる銘柄の権利落ち日の少し前から買い始めるので、需給で株価は値上がりしやすくなります。なので、権利落ち日の数カ月前から20銘柄バスケットに入れておき、株価を監視します。**

株主優待に注目した買いは、毎年権利確定日にかけて必ずといって良いほど盛り上がってくるので、まさに何度も繰り返し値上がり益を狙うことができます。

また、株主優待投資家は、1つの銘柄の株主優待の権利を取った後、その銘柄を売って、他の株主優待銘柄に乗り換える傾向も強いため、決算月が異なる株主優待銘柄も組み入れておくと、1年の間に何回もこのテーマで利益を得るチャンスが訪れます。

旬で、かつ繰り返し物色される可能性があるテーマとしては、「軍需関連」にも要注目です。

もともと、このテーマを思いついたのは、2016年11月の米国大統領選挙において、「どうやらトランプ政権が誕生する可能性もありそうだ」という状況になってからでした。トランプ大統領の共和党は軍需関連企業と密接で、過去の共和党政権時には関連銘柄が堅調に推移しています。

大統領選挙期間中、過激な物言いで注目を集めたトランプ大統領ですから、実際の軍事衝突とまではいかなくても、恐らく口喧嘩くらいは上等だろうし、そのとき、株式市場は軍需関連銘柄に注目するだろうと踏んでいたのです。

事実、2017年は北朝鮮との間で一触即発の状態になり、その状況はいまも続いています。トランプ大統領と金正恩の間で罵り合いが行われるたびに、値動きの軽い、小型の軍需関連銘柄が買われました。北朝鮮の核開発問題は、そう簡単に一件落着するような感じもしませんから、ここしばらく人気テーマであり続けるでしょう。

ここでは事例の1つとして軍需関連を取り上げましたが、探していけば、このような根強い人気テーマは、他にもあります。それを見つけたら、1銘柄ではなく、2～3銘柄くらいは入れておくと良いと思います。

## 銘柄の絞り込み方③

# かつて売買した銘柄も加えてみよう

### 売買したことのある銘柄の値動きを監視

これは厳密に言えばテーマではないのかもしれませんが、過去、自分が売買した銘柄をバスケットに入れておくのも、ありかもしれません。

なぜなら、板や値動きの癖を覚えているからです。

それも、短いサイクルで繰り返される投資チャンスの1つと考えて良いでしょう。

したがって、200銘柄バスケットを作ったとき、そこにかつて自分が売買したことのある銘柄が含まれていたら、それを20銘柄バスケットに入れて、しばらく値動きを監視しておきましょう。

もちろん、まったく同じ値動きをすることはありませんが、たとえば「800円を割り込むと、なぜか買いが入ってくるんだよな〜」というような傾向を持つ銘柄は、けっこうあります。過去、自分で売買した銘柄だと、そのような株価の傾向を、無意識のうちに覚えているものなのです。

## 株価インデックスの銘柄入れ替えをチェック

他にも、短いサイクルで投資チャンスが繰り返されるパターンがあります。

株価インデックスの銘柄入れ替えなどは、その典型例と言えるでしょう。

たとえば日経平均株価は、流動性が著しく低下した銘柄を除外するとともに、新しい銘柄を加えます。こうした定期的な銘柄入れ替えは、毎年9月から10月に行われており、それが株価に大きなインパクトを与えます。いわゆる「インデックス買い」が生じるからです。

機関投資家の中には、インデックス運用を行っているところがたくさんあります。

インデックス運用は、日経平均株価などの株価インデックスと同じ投資成果を目指す運用方法なので、銘柄入れ替えが行われたときには、それと同じようにポートフォリオを見直す必要性が生じてきます。それをしないと、株価インデックスとファンドの運用成績の間に乖離が生じてしまうからです。

そのため、銘柄入れ替えが行われる前後には、新たに加わる銘柄が買われる一方、外される銘柄は売られます。

なので、**銘柄入れ替えが行われる前から20銘柄バスケットに入れて監視を続け、動きが出そうになったらいつでもエントリーできるように準備をしておきましょう。**

## 公募増資も投資チャンス

公募増資は、現在の株価に対して数%、ディスカウントした株価で行われます。そこで、信用取引の「つなぎ売り」といって、公募増資に向けて株価が一段安になることを見越し、事前に信用取引で売っておき、目論見どおりに株価が下げたところで買い戻せば、その差額が利益になります。

ただ、小型株の公募増資について言えば、つなぎ売りによって株価は一時的に下げるものの、公募増資の株価が決定される前に、株価が反転・上昇するケースもあり得ます。

そうなると、信用売りのポジションを持っている投資家は、株価上昇によって損失が拡大するため、持っている信用売りのポジションを解消しようとします。いわゆる踏み上げ相場の始まりです。

踏み上げ相場が始まると、株価の上昇に加速が付きます。したがって、**公募増資が発表されたら、その銘柄を20銘柄バスケットに入れて監視するようにします。**

## IPOにも要注目

同時期に上場した銘柄は、業種などが違っても、なぜか同一グループとみなされて、似たような値動きをすることが多いのです。

合理的な理由はないようにも思えるのですが、実際に株価の値動きを追うと、そうなるケースがけっこう頻繁に起こります。なので、**IPO（新規公開株）が好きな短期トレーダーならば、20銘柄バスケットに、同時期にIPOした銘柄を複数入れておいても良いかもしれません。**

## 銘柄の絞り込み方④
# 内需と外需を使い分ける

### 株価レートで株価は大きく動く

テーマの分類でもう1つ忘れてはいけないのが、外需と内需に分けることです。為替レートの値動きによって、株価が大きく変動するからです。ドル高円安が進めば、輸出企業の業績が好転するため、外需関連企業の株価が上昇しますし、ドル安円高が進めば、輸入企業の業績が好転するため、内需関連企業の株価が上昇します。

したがって、**ドル高円安トレンドが続いているときは、20銘柄バスケットの中身を外需型中心にし、逆にドル安円高トレンドが続いているときは、内需型中心にします。**

そうすることによって、他のイナゴ投資家よりも早いタイミングで、為替レートの値動きに応じたリターンが期待できる銘柄をピックアップできるはずです。

## 分類に迷うときには『会社四季報』を確認しよう

とはいえ、セクターによっては外需なのか、それとも内需なのか分けにくいものもあります。迷ったときは、『会社四季報』の【連結事業】【単独事業】の欄を確認しましょう。会社名が書いてある欄です。ここに海外売上比率の数字が載っています。

それでも、わからないときには、思い切ってその会社に聞いてみるのも一手です。すでに、その会社の株式に投資している株主様なら、大いばりで質問すれば良いでしょう。

ＩＲ担当者は株主からの電話に塩対応するわけにはいきませんので、素直に「おたくの会社は外需がメインですか、それとも内需がメインですか」と質問すれば、よほどひどい広報担当者でもない限り、きちんと答えてくれます。

株主でなければ、こう言いましょう。

「これからおたくの株式に投資しようと考えているのだけれども、外需型の企業ですか、それとも内需型の企業ですか」

迷ったときは、遠慮せずに、その会社に直接電話して確認してみましょう。

## 銘柄の絞り込み方⑤　旬じゃない銘柄を監視する

### 旬真っ盛りは終わり間近のケースが多い

ここまで書いてきたことを実践していただければ、20銘柄バスケットに入る銘柄には、選ばれたテーマが必ずあるはずです。

ただ、**このテーマを考えるうえで注意しなければならないのは、いまが旬と思われるものを、どの程度入れ込むかということです。**

根強い人気テーマを入れる必要性があるのは、すでに説明したとおりです。なぜなら、この手のテーマは、株式市場で何度も話題になるため、その都度、収益を得るチャンスに恵まれるからです。

しかし、まさにいま、滅茶苦茶に注目されている、旬真っ盛りのテーマに関しては、むしろ入れないほうが良いのかもしれません。なぜなら、株式市場で旬真っ盛りというのは、もう終わり間近であるケースが多いからです。

株式市場で大騒ぎされ、株価も大暴騰しているような状態で飛び乗ると、そこからはほとんど値上がり益が取れない状態のまま、今度は利益確定の売りに押されて、逃げ場を失うリスクが高まります。なので、テーマを選ぶ場合は、ちょっと先を読んだほうが良いでしょう。

なんて、言うのは簡単なのです。それは百も承知。株式市場の先を読むことができれば、誰もが大金持ちになれます。だから、近いか遠いかわからないけれども、将来、注目されると思われるテーマを先読みして、それを20銘柄バスケットに組み入れるのは、私にとってもかなり難易度の高い作業になります。

なので、**あえて未来の人気テーマを先読みしようとせず、逆にまったく人気のないテーマを組み入れるという手もあります。そして、それをひたすら監視し続けます。**

そうすれば、株式市場における物色の変化が徐々に見えるようになるでしょう。そこがポイントです。その変化が生じていると感じたときに、エントリーすれば良いのです。

## 銘柄の絞り込み方⑥ 騰落率の上位を引っこ抜く

### ランキング順に20銘柄をピックアップ

200銘柄バスケットから20銘柄を抽出する際のポイントを書いてきましたが、それでも、やっぱり絞り込みは難しいという方もいらっしゃると思います。

その場合は、ちょっと乱暴ではありますが、**上から順に20銘柄をピックアップするという方法もあります。上からというのは、ある特定の数値でランキングすることです。**これなら、誰でも簡単にできるでしょう。

「トレードステーション」のレーダースクリーンは、ソートを掛けることができます。ソートとは「並べ替え」のことです。たとえば、株価の前日比で高い順に並べ替えるとか、信用倍率の高い順に並べ替えるということです。

この機能を用いて、たとえば株価の前日比で、上昇率の上位にある銘柄をピックアップして

# 図3-7 前日比の高い順にピックアップ

前日比でソートして
上位20銘柄を
ピックアップ！

| | 銘柄コード | 銘柄名 | 現在値 | 前日比 | 前日比% | VWAP | [illegible] | 始値 | 高値 | 安値 | 前日終値 | 業種 | カスタムメモ1 | カスタムメモ2 | カスタムメモ3 | カスタムメモ4 |
|---|---|---|---|---|---|---|---|---|---|---|---|---|---|---|---|---|
| 1 | 3540-JQ | 歯愛メディカル | 11,950 | 1,950 | 19.50% | 11,530 | 1,194,200 | 10,600 | 12,390 | 10,450 | 10,000 | 卸売業 | 新興成長株 | | | 決算日 |
| 2 | 3773-TS | アドバンスト・メディア | 1,969 | 163 | 9.03% | 1,932 | 828,300 | 1,846 | 1,988 | 1,840 | 1,806 | 情報・通信業 | 電子カルテ | | | 決算日 |
| 3 | 2693-JQ | YKT | 761 | 61 | 8.71% | 742 | 1,182,800 | 710 | 763 | 706 | 700 | 卸売業 | 量子コンピュータ | | | 決算日 |
| 4 | 3902-TS | メディカル・データ・ビジョン | 3,275 | 205 | 6.68% | 3,229 | 316,000 | 3,150 | 3,320 | 3,115 | 3,070 | 情報・通信業 | 電子カルテ | | | 決算日 |
| 5 | 3393-TS(M) | スターティア | 1,056 | 65 | 6.56% | 1,035 | 490,400 | 1,015 | 1,081 | 995 | 991 | 卸売業 | 電子書籍 | | | 決算日 |
| 6 | 2667-JQ(M) | イメージ ワン | 595 | 33 | 5.87% | 600 | 652,200 | 582 | 618 | 580 | 562 | 卸売業 | 電子カルテ | | | 決算日 |
| 7 | 6266-JQ | タツモ | 2,014 | 105 | 5.50% | 1,979 | 249,400 | 1,933 | 2,020 | 1,928 | 1,909 | 機械 | 半導体 | | | 決算日 |
| 8 | 3558-TS | ロコンド | 1,254 | 64 | 5.38% | 1,247 | 299,800 | 1,210 | 1,295 | 1,200 | 1,190 | 小売業 | 昔のIPO | | | 決算日 |
| 9 | 4208-TS | 宇部興産 | 3,310 | 150 | 4.75% | 3,338 | 2,099,400 | 3,340 | 3,415 | 3,295 | 3,160 | 化学 | 電池 | | | 決算日 |
| 10 | 6561-TS | HANATOUR JAPAN | 3,615 | 150 | 4.33% | 3,619 | 707,100 | 3,570 | 3,715 | 3,430 | 3,465 | サービス業 | インバウンド | | | 決算日 |
| 11 | 3675-TS | クロス・マーケティンググルー | 619 | 24 | 4.03% | 618 | 340,100 | 592 | 638 | 592 | 595 | 情報・通信業 | 赤字から黒字 | | | 決算日 |
| 12 | 3479-TS | ティーケーピー | 4,135 | 160 | 4.03% | 4,055 | 78,600 | 4,015 | 4,135 | 3,945 | 3,975 | 不動産業 | 新興成長株 | | | 決算日 |
| 13 | 2729-TS | JALUX | 3,230 | 120 | 3.86% | 3,193 | 26,600 | 3,120 | 3,235 | 3,120 | 3,110 | 卸売業 | インバウンド | | | 決算日 |
| 14 | 4109-TS | ステラ ケミファ | 2,839 | 105 | 3.84% | 2,842 | 192,100 | 2,795 | 2,880 | 2,792 | 2,734 | 化学 | 電池 | | | 決算日 |
| 15 | 4593-TS | ヘリオス | 1,929 | 68 | 3.65% | 1,908 | 183,400 | 1,896 | 1,930 | 1,888 | 1,861 | 医薬品 | 再生医療 | | | 決算日 |
| 16 | 3652-TS(M) | ディジタルメディアプロフェッシ | 6,660 | 210 | 3.26% | 6,662 | 216,800 | 6,550 | 6,850 | 6,480 | 6,450 | 情報・通信業 | 量子コンピュータ | | | 決算日 |
| 17 | 2780-TS | コメ兵 | 1,977 | 61 | 3.18% | 1,968 | 31,900 | 1,980 | 1,980 | 1,944 | 1,916 | 小売業 | インバウンド | | | 決算日 |
| 18 | 3179-TS | シュッピン | 1,291 | 37 | 2.95% | 1,292 | 365,500 | 1,267 | 1,315 | 1,250 | 1,254 | 小売業 | 来期増益期待 | | | 決算日 |
| 19 | 4519-TS | 中外製薬 | 5,540 | 150 | 2.78% | 5,533 | 605,700 | 5,470 | 5,560 | 5,470 | 5,390 | 医薬品 | インフルエンザ | | | 決算日 |
| 20 | 2736-JQ | サダマツ | 2,630 | 70 | 2.73% | 2,598 | 4,100 | 2,561 | 2,630 | 2,561 | 2,560 | 小売業 | 宝飾品 | インバウンド | | 決算日 |
| 21 | 3981-TS(M) | ビーグリー | 1,669 | 44 | 2.71% | 1,658 | 159,200 | 1,640 | 1,686 | 1,636 | 1,625 | 情報・通信業 | 電子書籍 | | | 決算日 |
| 22 | 1662-TS | 石油資源開発 | [illegible] | 68 | 2.68% | 2,596 | 244,100 | 2,598 | 2,619 | 2,564 | 2,535 | 鉱業 | シェールガス | | | 決算日 |
| 23 | 4536-TS | 参天製薬 | [illegible] | 44 | 2.60% | 1,731 | 779,800 | 1,708 | 1,744 | 1,700 | 1,693 | 医薬品 | 外国人投資家 | | | 決算日 |
| 24 | 7733-TS | | | | | | 969,300 | 4,170 | 4,260 | 4,165 | 4,140 | 精密機器 | 医療用ロボット | | | 決算日 |
| 25 | 7741-T | | | | | | 1,414,000 | 5,329.0 | 5,519.0 | 5,306.0 | 5,387.0 | 精密機器 | 医療用ロボット | | | 決算日 |
| 26 | 3694-T | | | | | | 41,300 | 2,417 | 2,478 | 2,407 | 2,417 | 情報・通信業 | AI | IoT | | 決算日 |
| 27 | 3671-T | | | | | | 1,100 | 1,520 | 1,549 | 1,520 | 1,515 | 情報・通信業 | 電子カルテ | | | 決算日 |
| 28 | 4726-T | | | | | | 76,700 | 2,036 | 2,090 | 2,031 | 2,036 | 情報・通信業 | IoT | | | 決算日 |
| 29 | 2193-T | | | | | | 1,207,100 | 592 | 609 | 591 | 589 | サービス業 | 悪材料 | | | 決算日 |
| 30 | 3174-J | | | | | | 300 | 1,395 | 1,395 | 1,395 | 1,365 | 小売業 | 宝飾品 | インバウンド | | 決算日 |
| 31 | 7527-T | | | | | | 426,000 | 139 | 143 | 139 | 139 | 情報・通信業 | IoT | | | 決算日 |
| 32 | 4650-J | | | | | | 11,000 | 933 | 953 | 933 | 931 | サービス業 | ライザップ | | | 決算日 |
| 33 | 9980-TS(M) | | | | | | 327,400 | 377 | 386 | 376 | 375 | 小売業 | ライザップ | | | 決算日 |
| 34 | 3370-JQ | フジタコーポレーション | 1,984 | 41 | 2.11% | 1,963 | 6,700 | 1,935 | 2,001 | 1,920 | 1,943 | 小売業 | カジノ | | | 決算日 |
| 35 | 7818-TS | トランザクション | 1,079 | 22 | 2.08% | 1,062 | 243,800 | 1,042 | 1,085 | 1,036 | 1,057 | その他製品 | 来期増益期待 | | | 決算日 |
| 36 | 3690-TS | ロックオン | 1,361 | 27 | 2.02% | 1,347 | 10,600 | 1,334 | 1,364 | 1,334 | 1,334 | 情報・通信業 | フィンテック | | | 決算日 |
| 37 | 5393-TS | ニチアス | 1,429 | 28 | 2.00% | 1,424 | 466,000 | 1,420 | 1,432 | 1,411 | 1,401 | ガラス・土石製品 | シェールガス | | | 決算日 |
| 38 | 7889-JQ | 桑山 | 620 | 12 | 1.97% | 627 | 28,600 | 615 | 645 | 613 | 608 | その他製品 | 宝飾品 | インバウンド | | 決算日 |

（出所）マネックス証券「トレードステーション」のレーダースクリーン画面。

みましょう。株価の上昇率が上位にある銘柄は、まさにいまが旬である証拠です。

株価の上昇率を見たら、次はセクターにポイントを置き、ダブルクリックをします。すると、業種別に並べ替えることができます。これを見ればいま、どの業種が買われているのか、売られているのかがわかります。カスタムメモも同じで、これもダブルクリックすれば、テーマごとに並び替えることができます。業種と同様、いま、どのテーマが買われているのか、それとも売られているのかがわかります。

最終的に、その銘柄が買われるか、それと

## 図3-8 業種とテーマごとの現状をチェック

| | | | | | | | | | | | | | | | | |
|---|---|---|---|---|---|---|---|---|---|---|---|---|---|---|---|---|
| 16 | 3671-TS | ソフトマックス | 1,549 | 34 | 2.24% | 1,523 | 1,100 | 1,520 | 1,549 | 1,520 | 1,515 | 情報・通信業 | 電子カルテ | | | 決算日 |
| 17 | 3773-TS | アドバンスト・メディア | 1,969 | 163 | 9.03% | 1,932 | 828,300 | 1,846 | 1,988 | 1,840 | 1,806 | 情報・通信業 | 電子カルテ | | | 決算日 |
| 18 | 3902-TS | メディカル・データ・ビジョン | 3,275 | 205 | 6.68% | 3,229 | 316,000 | 3,150 | 3,320 | 3,115 | 3,070 | 情報・通信業 | 電子カルテ | | | 決算日 |
| 19 | 4320-TS | CEホールディングス | 897 | -5 | -0.55% | 896 | 33,000 | 900 | 903 | 884 | 902 | 情報・通信業 | 電子カルテ | | | 決算日 |
| 20 | 2667-JQ(M) | イメージ ワン | 595 | 33 | 5.87% | 600 | 652,200 | 582 | 618 | 580 | 562 | 卸売業 | 電子カルテ | | | 決算日 |
| 21 | 4274-JQ | 細谷火工 | 1,508 | -71 | -4.50% | 1,525 | 129,300 | 1,600 | 1,614 | 1,450 | 1,579 | 化学 | 防衛関連 | | | 決算日 |
| 22 | 6203-TS(M) | 豊和工業 | 1,635 | -54 | -3.20% | 1,655 | 721,700 | 1,712 | 1,727 | 1,615 | 1,689 | 機械 | [illegible]関連 | | | 決算日 |
| 23 | 6208-TS(M) | 石川製作所 | 3,115 | -60 | -1.89% | 3,113 | 328,300 | | | | | | | | | |
| 24 | 7224-TS | 新明和工業 | 948 | 5 | 0.53% | 952 | 355,200 | | | | | | | | | |
| 25 | 7980-JQ | 重松製作所 | 997 | -26 | -2.54% | 1,003 | 39,100 | | | | | | | | | |
| 26 | 2693-JQ | YKT | 761 | 61 | 8.71% | 742 | 1,182,800 | | | | | | | | | |
| 27 | 3267-TS(M) | フィル・カンパニー | 9,160 | -10 | -0.11% | 9,103 | 326,000 | | | | | | | | | |
| 28 | 3652-TS(M) | ディジタルメディアプロフェッシ | 6,660 | 210 | 3.26% | 6,662 | 216,800 | | | | | | | | | |
| 29 | 3687-TS | フィックスターズ | 8,340 | 20 | 0.24% | 8,379 | 212,000 | | | | | | | | | |
| 30 | 6864-JQ | エヌエフ回路設計ブロック | 3,670 | -100 | -2.65% | 3,843 | 580,800 | 3,865 | 3,985 | 3,660 | 3,770 | 電気機器 | 量子コンピュータ | | | 決算日 |
| 31 | 3286-TS | トラストホールディングス | 433 | 3 | 0.70% | 432 | 12,800 | 432 | 435 | 430 | 430 | 不動産業 | 警備 | | | 決算日 |
| 32 | 4342-TS | セコム上信越 | 4,210 | 0 | 0.00% | 4,211 | 500 | 4,215 | 4,215 | 4,200 | 4,210 | サービス業 | 警備 | | | 決算日 |
| 33 | 4664-JQ(M) | アール・エス・シー | 1,157 | -43 | -3.58% | 1,172 | 100,100 | 1,220 | 1,235 | 1,135 | 1,200 | サービス業 | 警備 | | | 決算日 |
| 34 | 3754-JQ | トスネット | 1,083 | -10 | -0.91% | 1,099 | 4,400 | 1,091 | 1,105 | 1,083 | 1,093 | サービス業 | 警備 | | | 決算日 |
| 35 | 9686-TS | 東洋テック | 1,180 | -17 | -1.42% | 1,191 | 1,900 | 1,195 | 1,198 | 1,180 | 1,197 | サービス業 | 警備 | | | 決算日 |
| 36 | 6493-TS | 日鍛バルブ | 380 | -1 | -0.26% | 382 | 43,800 | 384 | 384 | 380 | 381 | 輸送用機器 | 自動車部品 | 親会社外資系 | | 決算日 |
| 37 | 7231-TS | トピー工業 | 3,275 | 25 | 0.77% | 3,274 | 34,100 | 3,250 | 3,300 | 3,245 | 3,250 | 輸送用機器 | [illegible]車部品 | | | 決算日 |
| 38 | 7242-TS | KYB | 5,580 | 40 | 0.72% | 5,587 | 100,700 | | | | | | | | | |
| 39 | 7244-TS | 市光工業 | 1,139 | -74 | -6.10% | 1,140 | 1,175,600 | | | | | | | | | |
| 40 | 7280-TS | ミツバ | 1,428 | 11 | 0.78% | 1,432 | 244,300 | | | | | | | | | |
| 41 | 5351-TS | 品川リフラクトリーズ | 3,050 | -50 | -1.61% | 3,064 | 15,500 | | | | | | | | | |
| 42 | 5352-TS | 黒崎播磨 | 5,090 | -80 | -1.55% | 5,126 | 19,300 | [illegible] | [illegible] | [illegible] | [illegible] | ガラス・土石製品 | 窯業 | | | 決算日 |
| 43 | 5356-NG | 美濃窯業 | 465 | 5 | 1.09% | 460 | 8,000 | 462 | 465 | 455 | 460 | ガラス・土石製品 | 窯業 | | | 決算日 |
| 44 | 5358-TS(M) | イソライト工業 | 929 | -19 | -2.00% | 939 | 424,900 | 952 | 959 | 926 | 948 | ガラス・土石製品 | 窯業 | | | 決算日 |
| 45 | 5363-TS | 東京窯業 | 456 | -3 | -0.65% | 462 | 399,900 | 466 | 473 | 455 | 459 | ガラス・土石製品 | 窯業 | | | 決算日 |
| 46 | 4091-TS | 大陽日酸 | 1,569 | 0 | 0.00% | 1,572 | 256,500 | 1,584 | 1,584 | 1,566 | 1,569 | 化学 | 水素 | | | 決算日 |
| 47 | 5974-TS | 中国工業 | 748 | 9 | 1.22% | 745 | 11,200 | 746 | 748 | 743 | 739 | 金属製品 | 水素 | | | 決算日 |
| 48 | 6824-JQ | 新コスモス電機 | 1,608 | 8 | 0.50% | 1,582 | 400 | 1,573 | 1,608 | 1,573 | 1,600 | 電気機器 | 水素 | | | 決算日 |
| 49 | 7298-JQ | 八千代工業 | 1,462 | 22 | 1.53% | 1,455 | 10,100 | 1,441 | 1,475 | 1,441 | 1,440 | 輸送用機器 | 水素 | | | 決算日 |
| 50 | 8088-TS | 岩谷産業 | 4,160 | 25 | 0.60% | 4,151 | 125,500 | 4,150 | 4,175 | 4,120 | 4,135 | 卸売業 | 水素 | | | 決算日 |
| 51 | 3179-TS | シュッピン | 1,291 | 37 | 2.95% | 1,292 | 365,500 | 1,267 | 1,315 | 1,250 | 1,254 | 小売業 | 来期増益期待 | | | 決算日 |
| 52 | 3685-TS(M) | みんなのウェディング | 727 | -9 | -1.22% | 729 | 8,500 | 731 | 736 | 724 | 736 | 情報・通信業 | 来期増益期待 | | | 決算日 |
| 53 | 6479-TS | ミネベアミツミ | 2,403 | 4 | 0.17% | 2,403 | 1,946,500 | 2,425 | 2,432 | 2,378 | 2,399 | 電気機器 | 来期増益期待 | | | 決算日 |

テーマでソートすると、いま買われているテーマがわかる

いま売られているテーマがわかる

（出所）マネックス証券「トレードステーション」のレーダースクリーン画面。

も売られるかは、個別企業の業績をはじめとした材料に左右されますが、同一セクター、同一テーマの銘柄は、揃って買われる、あるいは売られる傾向があります。

なので、**まずはいま、買われているセクターやテーマの見当をつけてから、同時に他の要素をチェックして、個別銘柄に落とし込んでいくという方法もあります。**

たとえば、買われているセクターのうち、株価の上昇率が高い順に監視していくとか、信用倍率を見て好取組の銘柄を監視していくのです。買われているセクターの中で信用倍率が1倍を割り込んでいる好取組銘柄があったら、なんだか株価が上がるような気がしませんか。

## まずは気軽に20銘柄を選ぶ

さて、２００銘柄のバスケットから、主に売買をする20銘柄を抽出するのは、けっこう大変だと思います。ここまで、その方法を書いてきましたが、何しろ投資対象を10分の1にまで絞り込むわけですから、最初のうちはなかなか選べないというのもわかります。

ただ、それでも選んでください。投資に正解はないのですから、まずは自分の心のおもむくままに選んでみましょう。

詳しくは後述しますが、２００銘柄バスケットも、20銘柄バスケットも、定期的にメンテナンスを繰り返します。それによって、どんどん精度が上がっていくはずなのです。まずは、気楽に取り組んでみてください。

20銘柄バスケットができ上がったら、いよいよ3カ月目のプログラムに移行します。ここでは、売買を始めることを前提にしたバーチャルトレードを中心にして、より実践的なトレード手法を身につけることに主眼を置きます。

# 3カ月目のプログラム

## 20銘柄バスケットの銘柄を中心に、その値動きの傾向を把握する

**プログラム**

⑤デイトレードかスイングトレードかを決める。
⑥バーチャルでトレードしてみる。
⑦板やチャートの動きを録画しておく。
⑧5分足投資法でエントリーポイントを探る。

**目標**

- 200銘柄バスケット、20銘柄バスケットのメンテナンスを行う。
- 売買のシミュレーションを繰り返してエントリーポイントを探る。

プログラム⑤

# デイトレードかスイングトレードかを決める

## 時間軸の長所と短所を把握する

いよいよ、「90日間プログラム」も、残すところ1カ月になりました。

最後の1カ月は、実際にトレードを始めるまでの準備期間と位置づけ、20銘柄バスケットに選んだ銘柄を中心にして、その値動きの傾向を把握することに注力しましょう。

その前に、**短期トレードをメインに行うデイトレーダーで行くのか、それとも比較的長めの時間軸でトレードするスイングトレーダーで行くのかを決める必要があります。**

ちなみに、デイトレーダーは翌営業日までポジションを持ち越さず、あくまでもその日のうちに決済を行い、損益を確定させる、短い時間軸のトレードを行います。一方、スイングトレーダーは翌営業日以降もポジションを持ち越し、数日から数週間程度で決済して損益を確定させます。

どちらかが絶対に有利であるということは、まったくありません。一長一短です。

トレードの時間軸が長くなるほど、将来の不確実要素は増えますし、逆に時間軸が短くなれば、取れる値幅は小さくならざるを得ません。

長期投資家は株価が下落したとき、「私は長期投資家なので、この程度の下げでは売らない」などと言っているうちに、さらに大きく株価を下げて逃げ遅れるというリスクを抱えています。

この点、デイトレーダーは取れる値幅こそ小さいものの、相場が下げたら即座に手持ちのポジションを解消させようとしますから、傷口が広がらないうちに逃げられる可能性があります。

こうした長所、短所を把握したうえで、デイトレードとスイングトレードのどちらにするかを決める必要があります。

## 時間軸に合わせたテーマの銘柄に調整する

ここまでに作成した２００銘柄バスケットと20銘柄バスケットの銘柄は、基本的に時間軸の長短で分類したものではありません。別の言い方をすると、デイトレードでも、スイングトレードでも対応できる銘柄群になります。

ただ、テーマによっては短期のトレードでしかワークしないものもあります。具体的には、年初来高値更新、上昇率○日平均、イベント、リバウンド狙いといったテーマが、これに該当します。

年初来高値を更新したり、○日平均で高い上昇率を維持したりしている銘柄は、総じて株価に勢いがあるので、これに乗って値上がり益を狙うのは妥当な戦略ですが、すでに上昇している可能性が高く、その勢いはあまり長続きしません。株価はどこかで必ず調整します。

また、株価に影響を及ぼすイベントとしては、決算発表、ＩＲ（株主優待制度、事業提携、Ｍ＆Ａ、株式分割、公募増資など）、事件・事故、為替、証券会社のレーティング、殿様イナゴのつぶやき、要人発言、経済指標、金利、ネットやテレビのニュースなどがあります。イベントによって動いた株価の上昇も、やはりそれほど長続きはしません。もちろん、リバウンドも短期のテーマです。これらのテーマで抽出した銘柄については、スイングトレードではなくデイトレードで対応するべきでしょう。

なお、**デイトレードのような時間軸の短いトレードを行う際には、やはり市場にある程度の流動性は欲しいところです。**

１００株程度で売買するなら、それほど出来高が大きくない銘柄でも売買注文を吸収できますが、１０００株単位、あるいは1万株単位で注文を出す場合は、出来高が小さいと、自分が出した注文で株価が動いてしまうケースがありますし、注文を出しても買い切れない、売り切れないという状況に直面するリスクがあります。

もしデイトレードを中心にするならば、ある程度出来高の大きな銘柄をバスケットに入れるようにしてください。

一方、**デイトレードよりも時間軸の長いスイングトレードを行う際は、業績修正や政策関連、為替に絡んだテーマが有効です。**

業績が右肩上がりで向上している銘柄は、株価もそれに沿って長期的に上昇していきますし、国の政策に関与している企業の株価も、やはり長期的かつ持続的な上昇が期待できます。

また、為替が中長期的に円安トレンドである場合も、特に輸出企業に関しては業績が中長期的に伸びていくので、やはり息の長いトレードに対応できます。

したがって、まずは自分がデイトレードでいくのか、それともスイングトレードでいくのかを決めたうえで、**もしデイトレードでいくのであれば、前出のような短期の時間軸に合ったテーマを、20銘柄バスケットの中核に据える必要がありますし、スイングトレードを主体にするならば、中長期の時間軸に合ったテーマを、バスケットの中核に据える必要があるのです。**

もちろん、なかには欲張りな人もいて、デイトレードをしながらスイングトレードもしたいという場合は、20銘柄バスケットの半分をデイトレード向けの銘柄に、残りの半分をスイングトレード向けの銘柄にするという作戦もあります。

# プログラム⑥ バーチャルでトレードしてみる

## お金をかけずにトレードのノウハウを積み上げる

２カ月目が終了する時点で20銘柄バスケットができ上がるので、そこから銘柄を選んで投資することもできますが、この段階で練習を積んでおきたいことがあります。それは実際に売買してみる、ということです。実践してみて、初めてわかることはたくさんあります。

とはいえ、この段階でいきなりお金を入れるのは不安だと思う方もいるでしょう。

もちろん、その気持ちはよくわかります。何しろ株価は常に変動するものですから、買った後で株価が上がれば万々歳でも、逆に下がれば心が折れます。

本書を読んで初めて株式に投資した途端、株価が下がって大損したら、今後も株式に投資していこうというモチベーションは、恐らく維持できないでしょう。

株式に投資している以上、株価下落による損失は不可避ですが、株式投資のキャリアが短く、大きな損失を被った経験がほとんどない投資家にとって、株価下落で損失が増えていくのは、身を切るような辛さに感じると思います。

なので、ここは損をしてもお財布の中身にまったく影響しない方法で、トレードのノウハウを積み上げる方法を紹介します。

それは、バーチャルでトレードをすることです。

## 株価の動きを予測してノートにメモする

本当なら、FXのバーチャルトレードのように、実際の売買とまったく同じトレードシステムを用いてバーチャルトレードができれば、これに越したことはありません。が、ペンとノートがあれば十分です。

実際にトレードしているつもりになって、売買をしたときに、その記録をノートに付けていくのです。

それに、そんな難しいことを細々書き込む必要もありません。

ノートに記録する項目は、銘柄名、買ったときの株価、買った理由、売ったときの株価、売った理由、損益額、反省コメント、くらいで良いでしょう。

あまりにもアナログなやり方ですが、3カ月目の1カ月間、これをコツコツと繰り返せば、トレードの実力はかなり高まるはずです。


それさえも面倒だという人は、自分が狙っている銘柄の株価が、これから上がるのか、それとも下がるのかを予測して、それをノートにメモしておくだけでもけっこうです。たとえば朝、会社に出掛ける前に、今日の大引けにかけて、株価は上がるのか、それとも下がるのかということだけを予測し、仕事から帰ってきたら答え合わせをするのです。


ただし、上がるか下がるかの2つに1つを、勘に頼って選ぶのは避けるべきでしょう。それでは何の訓練にもなりません。

バーチャルトレードで大事なのは、架空とはいえ高いリターンを上げることにあると思っている人は多いと思いますが、決してそうではありません。

**バーチャルトレードのポイントは、なぜその銘柄を選んだのか、なぜ株価が上がる（もしくは下がる）と思ったのかなど、判断の1つひとつを自分の頭で考え、きちんと理由を持たせることにあります。**

そこまでやって初めて、実際にお金を入れてトレードを行う際の役に立つバーチャルトレードになるのです。

# プログラム⑦ 板やチャートの動きを録画しておく

## 兼業投資家でもチェックできる

この方法を実践するためには、多少、パソコンの知識が必要になりますが、これに真剣に取り組んだら、ほぼ間違いなく投資力が向上します。デスクトップ上の画像などを録画するためのソフトウェアがあるので、これを活用して、板情報やチャートを録画しておくのです。

本当ならリアルタイムで、チャートや板を見るのが一番ですが、日中に仕事をしている兼業投資家は、仕事の片手間に株価を追いかけるわけにはいきません。日中の仕事を持っている限り、この間に専業投資家としての研鑽を積むのは、非常に難しいのです。でも、この方法なら、兼業投資家でも実践できます。

私が使っているのは「スーパーアマレココ」という、フリー（無料）のソフトウェアです。優れものの録画ソフトでありながら、基本的にほとんど課金しないのが、このソフトの素晴らしいところです。これを利用しない手はありません。

ただ、唯一気になるのが、使っているパソコンの容量の問題です。何しろ、朝9時から午後3時までの板情報、チャートをすべて録画しておくわけですから、かなりの容量を食います。したがって、この用途に用いるパソコンは、できるだけスペックの高いものにしましょう。

さて、会社に行くときにスーパーアマレココを起動させ、そのまま場中の板情報を録画させておきます。そして、仕事から帰ったら、とりあえずシステムを止めて、録画した画像がクラッシュしてなくならないよう、まずはきちんと保存してください。

数日かけて複数銘柄の板情報などを録画し、週末を迎えたら、それを再生して見返します。板の動きを見ながらチャートの動きを追いかけるのと同時に、個別銘柄の株価と日経平均株価の値動きを比較したり、20銘柄バスケットに組み込まれている20銘柄のチャートを並べて、ある銘柄の株価が動いたとき、同じような動きをする銘柄はあるのか、あるいは逆の動きをする銘柄はどれなのかなど、個別銘柄間の相関関係を見たりもします。

これらを繰り返しているうちに、板の見方が徐々にわかってきます。

## 自分の頭で考えることが大事

それとともに、板を見ながら売買のシミュレーションも行います。

「550円で買ったのに、570円の売りがわらわら出てきて売りに潰されてしまった」

「やはり下のところで下げ止まると、どっと買いが入ってきて戻るな」

「1回でブレイクすることもあるけれども、ブレイクしないケースもあるな」

というように、**自分のエントリーポイントを決め、その後の板の動きを追いながら、果たしてこのエントリーポイントは正しかったのか、それとも間違っていたのかを、自分の頭で考えるのです。**

録画した板を見て売買シミュレーションを繰り返せば、場中に板情報を見ることができない兼業投資家でも、デイトレーダーと同じようにマーケットの動きをリアルタイムで追いかけながらトレードする経験値を上げることができます。

英語などの語学でも、1万時間くらいヒアリングを続ければ、ネイティブの言葉でも聞き取れるようになるなどと言われるのと同じで、板も1万時間くらい見続ければ、その動きが何を意味しているのかがわかるようになるはずです。

なので、パソコンの容量が許す限り、どんどん板とチャートを録画して、片っ端から見るようにしましょう。

# プログラム⑧ 5分足投資法でエントリーポイントを探る

## 翌日に売買する銘柄を決める

エントリーポイントを探るうえで一番シンプルで視覚的に判別しやすく初心者向けなのが、「5分足投資法」です。

実際にトレードを始めたときに注意する点については後述しますが、私がトレードで重視しているのは「予習と復習」です。

**予習は翌営業日に売買する銘柄を、今日のうちに決めておくことです。**

本章では、200銘柄バスケットと20銘柄バスケットを初めて作る人向けに説明していますが、自分のお金を投入して実際にトレードするようになったら、200銘柄バスケットや20銘柄バスケットは日々、見直していきます。

いや、２００銘柄バスケットを毎日見直すのはかなりしんどいので、それをあなたに強いるつもりはありません。が、せめて20銘柄バスケットだけでも日々、見直すようにしましょう。

といっても、毎日大きく見直すようなことは、これまでの私の経験でもありませんから、それほど手間がかかる作業ではないと思います。

いずれにしても、ここで見直した20銘柄バスケットが、翌営業日のトレード候補になります。

ここまでが「予習」です。

## 過去5日分の5分足チャートを検証

次に、その日のトレードが終わったら、「復習」をします。

**何をするのかというと、20銘柄バスケットの各銘柄について、過去5日分の5分足チャートを検証するのです。これが、私の言う「5分足投資法」です。**

たとえば掲載した銘柄の5分足チャートを見ると、○○円で下値を打つ傾向があるのがわかります。実際、板を見ると、株価が○○円近辺まで下がってくると、買い板が厚くなり、そこ

## 図3-9 メンテナンス画面で売買を復習する

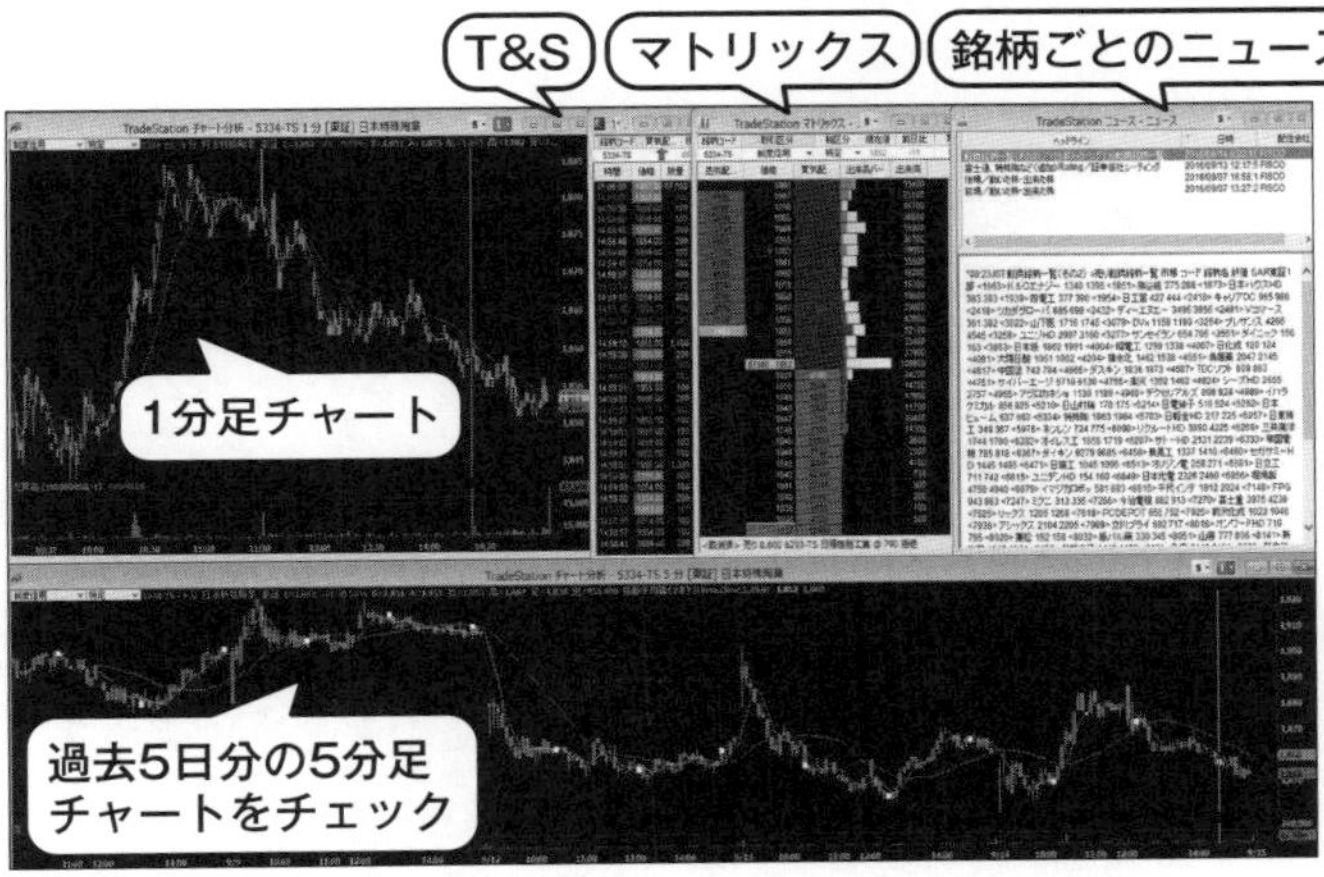


（出所）マネックス証券「トレードステーション」。

で下げ止まる傾向が見られます。ということは、この銘柄は○○円あたりが買いのエントリーポイントであることが、何となくイメージできます。

そして翌営業日の場中、株価が実際にこの水準まで下げてきたときは、エントリーの準備をします。

もちろん、３カ月目のカリキュラムが終了するまでは、実際に資金を投入した売買はしませんので、あくまでも頭の中でのシミュレーションに過ぎませんが、本当に○○円が底値で、ここで買うのが正しいのかどうかを、後々チェックすれば良いのです。

なお、実際に買い付ける場合は、アラート機能を用いると良いでしょう。これは、あらかじめ指定した株価水準に達したとき、アラームが鳴って知らせてくれる機能です。ほとんどのネット証券会社が、この機能をトレーディングツールに実装しているので活用しましょう。

売買のシミュレーションをしながら、予習と復習を繰り返し、実際にお金を投入してエントリーする際の訓練を繰り返しているうちに、あっという間に1カ月が経過します。いよいよ、自分の資金を投入して、シミュレーションではない、本当の株式売買にチャレンジです。

# 第4章

CHAPTER 04

# 実践！20銘柄バスケット投資術

# 有給休暇投資はデイトレとスイングで

## 株式投資の3つの時間軸

さて、２００銘柄バスケットと20銘柄バスケットができ上がり、実際に投資する銘柄を絞り込んだら、いよいよ現金を入れて実際のトレードを開始してみましょう。

と、その前に、どういうスタンスで株式投資をするのかを、まずは明確にしておきたいと思います。

株式投資のスタンスを時間軸で分けると、だいたい３つに分けられます。

- **デイトレード：**ポジションを翌日に持ち越さない。その日のうちに利益確定、損切りを行う超短期のトレード。
- **スイングトレード：**数日から数週間でポジションを閉じる短期のトレード。

●**中長期投資：**数カ月から数年単位で株式を保有する。

だいたい、このような時間軸のイメージで良いでしょう。

そして、**90日間プログラムで作り上げた200銘柄バスケットと20銘柄バスケットは、このいずれの時間軸のトレードにも対応可能です。**

ただ、本書は、普段は日中に仕事をしているサラリーマン投資家が有給休暇を取って1日トレードすることにゴールを置いていますから、この章の解説では中長期投資は外します。

中長期投資の場合、デイトレードやスイングトレードのように、厳密にエントリーポイントを探す必要はありませんし、多少、エントリーポイントがずれたとしても、時間軸の長さから考えれば、それは誤差に過ぎないからです。つまり、わざわざ有給休暇を取得して、場に張り付く意味がないのです。

ということで、ここから先、説明する投資術に関しては、デイトレードとスイングトレードを対象にしたいと思います。

では、デイトレードとスイングトレードは、どちらのほうが難しいでしょうか。

長年、デイトレードを続けてきて、その手法に慣れている人は、「デイトレードのほうが簡単だ」と言うでしょう。でも、初めてデイトレードをする人にとっては、スイングトレードよりも難易度が高いと思うはずです。

というのも、その日その日の日替わりで、投資対象となる銘柄を見つけてくるのは、なかなか骨の折れる作業になるからです。

その点、**スイングトレードなら数日間、値動きの傾向を見て、予習と復習を繰り返しながら値動きの傾向を把握できるため、最初はデイトレードよりも、スイングトレードから始めることをお勧めします。**

## スイングトレードで勝つ10のポイント

スイングトレードを行うためには、**①相場観、②方向性、③セクターの強弱、④時間軸、⑤出来高、⑥需給、⑦材料、⑧タイミング、⑨ポジション管理、⑩メンタル**、という10の要素が重要になってきます。１つずつ簡単に説明しておきましょう。

### ポイント①　相場観

まず、相場観はスイングトレードを行ううえで非常に重要です。

というのも、**スイングトレードは夜をまたいでポジションを持つため、全体の相場観を把握することが必須になるからです。**できれば、翌日から数日後までの全体の相場の流れがイメージできるようになりたいところです。

**具体的には、日経平均株価でも、自分が好きな個別銘柄でもけっこうですので、株価が上が**

**るのか、下がるのかを予測します。**

あまり厳密に考えなくても良いですし、自分の見通しが外れても気にする必要はありません。さまざまな経済指標や、米国株など海外の株価、為替、イベント、要人発言などが、株価にどう影響するのかを、まずは考えてみましょう。

たとえば「日本時間で今夜発表される米国の消費関連の経済指標が強ければ、最終的に米国のGDPが上がるから、米国の株価は強いだろう。ということは、明日の日経平均株価も上がるはずだから、今日のうちにスイングで買っておこう」というようなイメージを描いていくのです。

また、日本の株価に大きな影響を与える要素として、為替があります。目先、為替が円高に行くのか、それとも円安に行くのかをイメージできれば、2、3日後くらいまでの株価の行方は予想できるでしょう。

では、為替を動かす要因は何か、ということですが、これは米国国債の金利です。日本の金利は、恐らく当面、低水準のままでしょう。したがって、米国国債の金利が上昇すれば、日米金利差が広がるので米ドルが買われ、逆に米国国債の金利が下がれば、日米金利差が縮小するため米ドルが売られます。

なので、もし円安になると予測するならば外需中心に、円高になると予測するならば内需中心に銘柄を見るようにします。

## ポイント② 方向性

方向性は、自分がエントリーする銘柄は順張りなのか、それとも逆張りなのかを把握することです。

**順張りとはトレンドフォローのことで、買いから入るのであれば、株価が上昇トレンドにあるものについていきます。逆張りは、株価が急落したときに買う、あるいは急騰したときにカラ売りを仕掛ける投資方法です。**

**初心者のうちは順張りで行きましょう。**逆張りは、たとえば急落したときの株価水準が割安であると市場関係者が評価したとき、初めて買いが入ってきて株価は底を打ち、反転しますが、株価が割安なのかどうかの見極めが非常に難しいので、初心者は恐らく逆張りで儲けるのは難しいでしょう。なので、初心者は順張りで対応してください。

なお、**ある程度の経験者で、逆張りを試したいという場合は、ロスカットを厳格に守ることが肝心です。**

前日に逆張りで買った後、翌日の寄付きがギャップダウンで、自分が想定していたロスカットラインを割り込んだら、躊躇せずに投げるくらいの気持ちを持ってください。ここで我慢をして持ち続けようとすると、さらに株価が下落して、大火傷を負うことになります。

## ポイント③ セクターの強弱

セクターの強弱です。違う言い方をすると、オーバーナイトする銘柄の資金の流れを把握するということです。

**自分がオーバーナイトする銘柄のセクターが強いのか、弱いのかを把握するには、同じセクターに属する他の銘柄の株価をチェックしたり、東証33業種のインデックスに着目したりしま**

**す。加えて、東証1部市場、東証2部市場、マザーズ市場などスタイル別の強弱も見ておくと良いでしょう。**

株式市場は「循環物色」と言って、セクターやテーマによって物色の中心が次々に移ります。本来なら、次に買われるセクターを先回りして買っておくべきなのですが、これは上級者のテクニックです。**初心者は強いセクターをオーバーナイトすることを心掛けてください。**

### ポイント④　時間軸

時間軸は、ポジションをどのくらいの長さで保有するかをイメージします。

スイングトレードでも、保有期間がオーバーナイトなのか数週間保有するのかという違いがあります。基本的に保有期間が短い場合は、ロスカットを浅めにし、保有期間が長い場合は、ロスカットを深めにします。

### ポイント⑤　出来高

出来高は、ポジション管理にも通じるところですが、まず普段、出来高が少ない銘柄であれば、出来高が急減した場合のリスクを想定して、ポジションを管理する必要があります。かなりの株数を保有した状態で出来高が急減したら、売りたくても売れなくなります。

したがって、**普段から出来高が少ない銘柄をトレードする場合は、取引する株数を多少、少なめに抑えるようにしましょう。**

また、**出来高が急増した銘柄は、出来高の減少とともに株価が下落することを意識してください。**出来高が急減し、株価も急落した状態で逃げようと思っても、なかなか売り切れずに損失を拡大させてしまうリスクがあります。

加えて、**出来高の急増をエントリーのアイデアにしないこと。出来高が増えたから株価も上昇するとは限りません。根拠のない出来高急増エントリーはイナゴに逆戻りです。**

出来高を投資のアイデアに使うためには、株価がボックス圏、あるいは年初来高値圏で出来高が急増したなど、複数のロジックを組み合わせないと精度が上がりません。

## ポイント⑥ 需給

需給が締まっている銘柄はスイングで儲けるチャンスがあるということです。

たとえば、**空売りが急増して、急に逆日歩が付いた銘柄は、踏み上げの可能性が高いと考えられます。**

逆日歩が付いた銘柄を空売りし続けると、日々、逆日歩という手数料を払い続けなければなりません。それを負担する投資家は、逆日歩の負担が重くなると、空売りを諦めて、買い戻しに動くケースもあります。結果、株価は上昇します。

ここがスイングトレードのチャンスでもあります。

買い戻しによって株価が上昇し、自分の売値よりも高くなれば、信用売りを仕掛けていた他の投資家も損失を抱え込むことになるため、空売りを手仕舞います。

結果、さらに株価の上昇に勢いが付きます。

**これをスイングトレードで狙うには、キャピタルゲインだけでなく日歩が入ってくる可能性もあるので、信用取引を用いて買いエントリーすると良いでしょう。**

ただし注意点もあります。

出来高が急減すれば、株価の上昇が失速する恐れがありますし、基本的にボラティリティの高い銘柄ばかりなので、値動きの荒さには注意が必要です。

加えて、**貸借倍率が1倍を大きく下回る銘柄は、空売りしないこと。**貸借倍率が1倍を大きく下回る銘柄は、信用売りをしている投資家が多いことを意味するので、そこからさらに空売りを仕掛けるのは、需給的にお勧めできません。

## ポイント⑦ 材料

材料は、賞味期限をイメージしてください。つまり、**1日で物色が終わる材料なのか、それともしばらく物色が続く材料なのかを判断します。**

材料が業績に関するものであれば、一定規模の時価総額があり、機関投資家の継続的な買いが見込める銘柄の場合は、数日以上、賞味期限が続きます。

ただし、これは小型株に見られるケースですが、同じ業績に関連する材料でも、実際にそれが反映されるのが数年後のようなものだと、いつ終わってもおかしくありません。したがって、前日の引け味が参考になります。

## ポイント⑧　タイミング

タイミングは、いつエントリーするかという話です。

実は、スイングトレードであるならば、大引けで買うのもありではないかと思うのです。というのも、ザラバで買った後で株価が下落し、含み損を翌日に持ち越すのは、メンタル面で良くないからです。

**実際、私がスイングトレードをするときは、大引け前の買いに合わせて、14時半から14時45分でエントリーすることがあります。**

スイングトレードは数日から数週間という時間軸で保有するから、多少、下げたとしても許容されると思う人もいるでしょうが、やはり自分が買ったところから値下がりしたとすると、厳密に言えば、それは買う場所を間違ったことになります。間違ったと思ったら即、損切りすることが大事です。

**ザラバでエントリーしたスイング玉の損切りの基準は、買値から2%下がったところにします。**

2%の根拠は何かと言われると、それは私のこれまでの経験則に基づく数字になるのですが、やはり本番のオーバーナイトを前にして2%もやられるのは、センスがないということです。

たったの2%で、と思うかもしれませんが、よく考えてみてください。スイングトレードを行う人は、どの程度のリターンを期待しているのでしょうか。恐らく5〜7%、あわよくば10%くらいは取りたいと思っているでしょう。

仮に5%を期待リターンにした場合、そこで2%もやられるというのは、リスク・リターンの観点から見て負けだということです。

明日につながるスイングトレードをしたいのであれば、負けた状態で大引けを迎えるのは、できるだけ避けるべきです。大引けにかけて株価が強く推移している銘柄を狙い撃ちにするのが良いのです。

もちろん、**大引けにかけて強く推移している銘柄を、20銘柄バスケットの中から見つけるのは、難しいかもしれません。もちろん、ここから選べるのがベストなわけですが、なかなか強**

**い銘柄が見つからない場合は、２００銘柄バスケットの中から探します。**

といっても、２００銘柄もありますから、１つひとつチャートをチェックしている暇はありません。何しろ大引けにかけてエントリーするわけですから。

そこで、騰落率をチェックします。

**２００銘柄バスケットを、株価の上昇率でソートし、その日、株価が最も値上がりしたものからチェックしていきます。**

**なかでも「赤三兵」といって、陽線が３本立ちそうになっている銘柄を探します。**

うまくその手の銘柄が見つかったら、14時45分くらいに買います。そうすると、大引けにかけて強い動きになり、翌日に含み益を持ち越しやすくなるのです。

## ポイント⑨　ポジション管理

ポジション管理は、スイングトレードの場合、オーバーナイトしますから、夜ちゃんと寝られるようなポジション量を持つことが大事です。

デイトレードなら、自分が投げたいと思ったところで投げられますが、スイングトレードの場合はそうもいかないので、ポジション量を調整します。

**すでに含み益が乗っている銘柄の場合は、多めのポジション量でオーバーナイトしても、収益への影響は小さく抑えられますが、ボラティリティの高い銘柄は、ポジション量を減らして、翌日に持ち越すようにします。**

## ポイント⑩ メンタル

**基本的にメンタルが弱っているときのオーバーナイトはうまくいきません。**

なぜなら、粘ることができずに、すぐ利益確定してしまったり、自暴自棄になってロスカットが遅れたり、あるいはロスカットする必要があるのに、それを無視して持ち越してしまったりするからです。また、銘柄選びが雑になり、近視眼的でダメな銘柄をオーバーナイトしてしまう恐れもあります。

いささか長くなりましたが、スイングトレードをする場合は、以上10個のポイントを常に念頭に置いて、トレードに臨むようにしてください。

# デイトレードで勝つ4つのポイント

## 勝てない理由・行動を打ち消すことが近道

初心者はスイングトレードの順張りから入るのが無難ですが、せっかくの有給取得できる1日、好きなだけトレードができるわけですから、なかにはデイトレードにも挑戦してみたいと考える人もいるでしょう。

デイトレードは、スイングトレードよりも難しい面があります。

投資対象となる銘柄は、すでに２００銘柄バスケットと20銘柄バスケットを作ってあるわけですから、この時点である程度、絞り込まれています。

基本的に、これらのバスケットに入っている銘柄は、スイングトレードだけでなく、デイトレードにも対応できる銘柄になっているので、あとはよりデイトレードに適した状態にある銘

## 図4-1 この値動きでどうして勝てないのか？

（出所）マネックス証券「トレードステーション」のチャート分析画面。

柄をピックアップすれば良いだけの話です。

**それでも、なかなかデイトレードで勝てないという投資家は、銘柄選び以外で、勝てない理由・行動があると考えられます。逆に言えば、そのネガを打ち消していけば、自然のうちに勝てるデイトレーダーになれるというわけです。**

まず、図4―1を見てください。

これはある銘柄の、1日を通じての値動きです。前場、1790円前後から取引が始まり、その後、幾度となく押し目を形成してはいますが、基本的には右肩上がりの上昇トレンドです。大引け時点では1900円程度まで値上がりしました。ということは、前場の寄付き段階で買い、そのまま大引けにかけて売却すれば、100円程度の値幅を取ることができたはずです。

でも、不思議なことに勝てない投資家が大勢います。なぜでしょうか。

これまで、デイトレードでなかなか勝てない投資家の方々を見てきましたが、勝てない理由は、大きく次の5つがあるようです。

**●方向感がない。**

**●ロジックがない。**

**●エントリーのタイミングが悪い。**

**●時間の概念がない。**

**●VWAPの概念がない。**

心当たりのある方もいらっしゃるのではないでしょうか。そこで、これらのネガティブな要因をどうすれば消すことができるのか、考えてみましょう。

## ポイント① 株価の動きをイメージする

その場で売りか買いかを決めていませんか。この手の、場当たり的な判断で売り買いを判断しても、デイトレードで勝つことは困難です。

デイトレードというと、極めて感覚的に売り買いを判断しているように見えますが、それでは瞬間芸のように儲けることはできても、マーケットで生き延びていくことはできません。ロジックの積み重ねこそが、デイトレードで勝つためのベースになってくるのです。

具体的に、何をどう考えれば良いのか、ということですが、ポイントは強弱を中心にして、その日の流れをイメージすることです。

**●日経平均株価などインデックスの動きを見て、1日の相場の流れをイメージする。**
**●エントリーする銘柄の1日の流れをイメージする。**
**●関連銘柄の強弱を把握する。**
**●板やチャートから、エントリー後、上に行くか下に行くかを見通す。**
**●ロスカットと利益確定ラインを定めてエントリーする。**

まずは、以上の５点をよく考えるようにしてください。

**大事なのは、今後の株価の値動きをイメージすることです。**正解か不正解かは関係ありません。イメージをして、その答え合わせをする。これを絶えず続けていくことによって、徐々に相場観が身についてくるのです。

## ポイント②　自分のトレードスタイルを固める

トレードスタイルがはっきりしていないと、どうしてもエントリータイミングが悪くなります。これも、場当たり的なトレードをしているからです。

といっても、自分のトレードスタイルが簡単に決められたら、実際のトレードで苦労することはないわけで、そこが不明だからこそ、多くのデイトレーダーはエントリーした途端に株価が下がり、損失を抱え込んでしまうのです。

まず、**自分のトレードスタイルが固まっていないのであれば、「押し目待ち」か「ブレイクスタイル」のいずれかを試してみてはいかがでしょうか。**

押し目とは、これまで上昇トレンドをたどってきた株価が、上昇トレンドの途中で調整することです。押し目を待って投資する際のポイントは、需給を把握することと、型にはまるまで待つことです。

**押し目買いは、ひと言でいえば逆張り。下げている途中に買ってしまうと大きな損につながりますので、下げ止まった場所を買うコツが必要です。**

出来高が細る、下値にぶつけてくる売りが減るなど、板を注視していると、損切りの切れるタイミングがわかってきます。

急落する銘柄は投資家の絶望を買います。値動きが速すぎて、ゆっくり板を見たり、考えたりできない銘柄は、「ここで買った人は絶望したかな?」「まだ絶望しきっていないな」などと、損切りをする人の心理になって板を見ると、おのずとタイミングが見えてきます。

またブレイクスタイルは、年初来高値更新のタイミングを狙って買いに行く手法です。人気のあるブレイクポイントは、「新高値」や「××0円」です。新高値は、買いの人に利が乗っているので需給が良好になります。500円、750円など、××円は、キリがいい価格なので注文が集まりやすく、大きな玉が入っています。

**エントリーする際には、人気のあるブレイクポイントを外すのが鉄則です。**

板を見て、ブレイクポイントの近くまで株価が上昇してくるなら需給は良好です。このとき、下の板が厚くなっていれば、上値にトライしても数円で損切りできるのでブレイク突撃です。また、上の板が薄ければ、買われたら上にブッ飛ぶ可能性が大きくなります。

## ポイント③　ゴールデンタイムにポジションを取る

ここでのポイントは、時間ごとにメリハリをつけることです。改善案としては、盛り上がる時間帯に合わせてポジションを張ります。

**株式市場のゴールデンタイムは、午前9時から9時半と、大引け前です。デイトレードの場合は、この2つの時間帯を中心にポジションを取ります。**

ゴールデンタイムは板が薄くなり、ボラティリティも高くなるため、デイトレードにとっては最高の条件が揃います。

ただし、ゴールデンタイムが終わる間際になると、今度はデイトレーダーが利益確定や損切りの売りを出してくるため、株価の値動きに注意する必要があります。

逆に、ゴールデンタイムが過ぎると、値動きが乏しくなります。結果、ティックが少なくなり、板が厚くなります。値幅も少なくなるため、利食いやロスカットをする際の調整が必要になります。

たとえば、板が薄いときには、ロットを減らします。値幅が少なくなるときには、利益確定のチャンスが減るので早めの利益確定を心掛けます。精緻なエントリーが必要なときには、リスク・リターンを計算します。

つまり、ゴールデンタイム以外の時間帯でデイトレードをすると、難易度が上がるのです。ただでさえリスクを取ってトレードをするのですから、わざわざ難易度の高い時間帯にポジションを持つ必要はないと考えます。

したがって、デイトレードをするならば、午前９時から９時半と、大引け前という２つの時間帯で行うようにしましょう。

## ポイント④　アルゴリズムの動きを把握する

近年は、アルゴリズム・トレードがかなり入ってきていますので、デイトレードをするならば、それがどういう形で売買しているのか、あるいはどれがアルゴリズム・トレードなのかを見極める目を持つ必要があります。

アルゴリズムトレードとＶＷＡＰについては、前著『朝９時10分までにしっかり儲ける板読み投資術』でも詳しく説明してありますので、そちらも併せてお読みいただければと思います。

多くの機関投資家は、ＶＷＡＰによって株式の売買を行っています。

ＶＷＡＰとは、「売買高加重平均価格」のことで、株数にかかわらず、１本の約定価格で全株数の取引を成立させてくれるという仕組みです。

大量の株式を売買しなければならない機関投資家にとっては、非常に便利な仕組みだと言えるでしょう。そして、機関投資家からの注文を受けた証券会社は、ＶＷＡＰ近辺で売買するようにアルゴリズムを使います。

**ＶＷＡＰは出来高加重平均なので、出来高に応じて注文を出してくるのがミソです。**

１日の出来高を見ると、寄付き段階でその日の出来高の２〜３割、大引けで１割ができ、あとは他の時間帯に分散するという形になり、こうした出来高のヤマに連動する形で、ＶＷＡＰの注文が出てきます。

**つまり、ＶＷＡＰの注文がどこに入っているのかを見ることで、近年、マーケットに大きな影響を及ぼしているアルゴリズム・トレードの動きを把握できるのです。それは、短期のトレードを行っている投資家にとって、極めて重要な判断材料になります。**

ＶＷＡＰには特定のクセみたいなものがあります。たとえば、現在寄り付いている株価よりも下に株価が乖離したとき、すぐ下値に買いが入ってきます。

アルゴリズム・トレードの中には、私が「儲けたいアルゴ」と称しているものがあります。

要は、ヘッジファンドなど超多頻度売買によって薄くサヤを抜くトレードを繰り返している投資家が用いているアルゴリズム・トレードのことです。**この手合いはものすごい勢いで注文を入れてきますから、板を見ていると常時、チカチカと価格が点滅を繰り返します。それを見れば、VWAPによるアルゴリズム・トレードがどこに入っているのか見当がつきます。**

また、**アルゴリズムと需給を見れば、天井と底打ちのサインを見つけることができます。**掲載した板を見てください。これは天井のサインを見極める参考になると思い、掲載してみました。

まず、図4－2の板①を見ると、1883円に2700株、1884円に5500株というように、大きな売り物があるのがわかります。上昇トレンドの勢いがあるときなら、出てきた売り物はどんどん買われていくため、売り板はそれほど厚くなりません。ところが、このように上値に大きな売り物がたまってきたのは、いままでなら買われてきたものが、買われなくなっていることを意味します。

板②を見てください。そうこうしているうちに、1880円に2200株、1879円に2

## 図4-2 天井のサインは需給とアルゴリズムで見分ける

板①

| 売り気配 | 価格 | 売り気配 |
|---|---|---|
| 5500 | 1884 | |
| 2700 | 1883 | |
| | 1882 | |
| | 300 1881 | |
| | 1880 | 600 |
| | 1879 | 600 |
| | 1878 | 600 |
| | 1877 | 800 |
| | 1876 | 300 |
| | 1875 | 400 |
| | 1874 | 400 |
| | 1873 | 300 |

・上値に大きな売り物
・いままでなら買われてきたものが買われない

板②

| 売り気配 | 価格 | 売り気配 |
|---|---|---|
| 4700 | 1884 | |
| 1100 | 1883 | |
| 400 | 1882 | |
| 400 | 1881 | |
| 2200 | 1880 | |
| 2000 | 1879 | |
| | 300 1878 | |
| | 1877 | 400 |
| | 1876 | 300 |
| | 1875 | 900 |
| | 1874 | 600 |
| | 1873 | 400 |

・ブレイク失敗
・1880と1879円に売り板が出現

板③

| 売り気配 | 価格 | 売り気配 |
|---|---|---|
| 100 | 1884 | |
| 700 | 1883 | |
| 300 | 1882 | |
| 300 | 1881 | |
| 2400 | 1880 | |
| 5900 | 1879 | |
| 1000 | 1878 | |
| 1000 | 1877 | 400 |
| 100 | 1876 | 300 |
| | 300 1875 | 900 |
| | 1874 | 300 |
| | 1873 | 800 |

・1884円で売れないので1879円に値下げ
・アルゴリズムの売りがついてきて下落

000株の売り物が出てきました。板①のときに比べて、売り圧力が強まっており、ブレイクは失敗したことになります。

最後に板③です。板②では1884円にあった4700株もの大きな売り物が、なかなか売れないので、売値を1879円に引き下げてきたことがわかります。こうなると、アルゴリズムの売りがどんどんついてきますので、株価は下げ足を速めます。

このように、板の動きを見ていると、株価が目先、天井を打ったのかどうかがわかるのです。

次は底打ちのサインです。これは板で需給

## 図4-3 底打ちのサインは需給と歩み値で見分ける

| 売り気配 | 価格 | 売り気配 |
|---|---|---|
| 300 | 1870 | |
| 300 | 1869 | |
| 400 | 1868 | |
| 1000 | 1867 | |
| 500 | 1866 | |
| | 1865 | |
| | 100 1864 | 800 |
| | 1863 | 300 |
| | 1862 | 500 |
| | 1861 | 1100 |
| | 1860 | 600 |
| | 1859 | 1000 |
| | 1858 | 300 |
| | 1857 | 100 |

アルゴリズムの買い！

| 時間 | 価格 | 数量 |
|---|---|---|
| 11.06.00 | 1860 | 買 600 |
| 11.06.00 | 1859 | 買 100 |
| 11.05.53 | 1859 | 買 600 |
| 11.05.43 | 1858 | 買 400 |
| 11.05.30 | 1858 | 買 100 |
| 11.05.30 | 1857 | 買 200 |
| 11.05.30 | 1857 | 売 100 |
| 11.05.01 | 1857 | 売 100 |
| 11.05.01 | 1857 | 売 100 |
| 11.03.07 | 1858 | 買 200 |
| 11.01.55 | 1858 | 買 300 |
| 11.01.55 | 1856 | 売 100 |
| 11.01.55 | 1854 | 買 100 |
| 11.01.55 | 1855 | 売 100 |
| 11.01.55 | 1855 | 買 100 |
| 11.01.55 | 1855 | 売 100 |
| 11.01.54 | 1854 | 売 100 |

上値を買う買いが継続

売りが数分止まっている

下値を売る売りが継続

を見ることも大事ですが、同時に歩み値もチェックしてみてください。

まず板ですが、こちらは買い板にアルゴリズムとおぼしき買いが継続的に入っているのがわかります。

このときの歩み値を見ると、11時1分55秒くらいまで、下値を打ち込む売り注文が継続的に入っているのがわかります。損切りする人が減っているわけです。

そこからいったん売り物が止まり、つまり、損切りする人がいなくなり、11時1分55秒から11時3分7秒まで売りが止まっています。

その後、短時間とはいえ再び売り物が出てきていますが、実はこれが底値を打ったサインになります。実際、11時5分30秒以降は、上値を追った買いが継続しています。

このように見ていくと、天井と底がどこかわかるようになります。

それさえわかれば、板の動きを先読みして、デイトレードをする際の売買ポイントも見えてきます。

スイングトレードをするにしても、底打ちを狙って買うことができます。そうすれば、買った直後から株価が値下がりし、含み損を抱えたままオーバーナイトしなければならないといった、精神衛生上、良くない状況に追い込まれずにすみます。

# 朝一番の寄付き投資でいいスタートを切る

## 朝9時10分までの勝負

デイトレの人はもちろん、スイングの人も、板読みの練習にもなるので挑戦してもらいたいことがあります。前著でも紹介した「朝9時から10分だけ勝負する寄付き投資」です。詳しくは前著を読んでいただくことにして、ここでは簡単に説明しましょう。

**この投資術は、前場の取引がスタートする午前9時から9時10分の間に利益確定、もしくは同値で撤退するという方法です。前場の寄付きは、板が薄いため、10分間という短い時間で利益確定できる可能性が高くなります。**

この投資術で利益を得るためには、買い板が厚く売り板が上に飛んでいる「強い板」を見つける必要があります。

売り板が上に飛んでいれば、上の株価を買いに来る投資家が出てきたとき、株価は簡単に値上がりして利益確定しやすくなります。

また、買い板が分厚ければ、9時10分までの間にうまく儲からなかったとしても、同値で撤退できる確率が高まります。

なので、**成功の秘訣は、寄付き前に銘柄を巡回して、強い板を見つけることです。**巡回する銘柄は、まさに「90日間トレーニング」で作った「200銘柄バスケット」です。

午前9時前に巡回チェックを終える必要があるので、午前8時くらいから行うようにしましょう。巡回チェックをして強い板の銘柄を見つけたらメモしておき、場が開く直前、8時55分くらいには、メモした銘柄のなかから「寄付き条件」で発注します。

**この投資術の注意点は、深追いは禁物ということです。いくら買い気配が上に切り上がっていったとしても、午前9時10分には利益を確定させましょう。逆に、買った後、売り気配が詰**

## 図4-4　便利なツールで強い板探しを効率化

| 候補 | コード | 銘柄 | 売買比率 | 前日比率 | 抽出時刻 |
|---|---|---|---|---|---|
| 1 | 1419 | タマホーム | 7.5 | 0.6% | 8:47:58 |
| 2 | 3358 | ワイエスフード | 3.3 | 3.1% | 8:47:58 |
| 3 | 8550 | 栃木銀行 | 3.1 | 1.3% | 8:47:58 |
| 4 | 4022 | ラサ工業 | 3.1 | 0.4% | 8:47:58 |
| 5 | 7191 | イントラスト | 3.0 | 1.6% | 8:47:58 |

| A | B | C |
|---|---|---|
| 8550 | 425 | |
| 5,600 | | 17,300 |
| 0 | 成行 | 100 |
| 4,400 | 売over | |
| 7,700 | 454 | 0 |
| 400 | 450 | 0 |
| 3,900 | 448 | 0 |
| 100 | 447 | 0 |
| 100 | 441 | 0 |
| 100 | 439 | 0 |
| 100 | 435 | 0 |
| 100 | 434 | 0 |
| 100 | 432 | 0 |
| 700 | 431 | 0 |
| 0 | 430 | 800 |
| 0 | 429 | 3,100 |
| 0 | 427 | 3,100 |
| 0 | 425 | 3,800 |
| 0 | 424 | 100 |
| 0 | 423 | 100 |
| 0 | 422 | 100 |
| 0 | 421 | 100 |
| 0 | 420 | 6,100 |
| 0 | 419 | 100 |
| | 買under | 36,500 |

| コード | 銘柄 | 売り合計 | 買い合計 | 買/売比率 | 買/売比率ランク | 売気配 | 買気配 | 前日終値 | 前日比率 |
|---|---|---|---|---|---|---|---|---|---|
| 1419 | タマホーム | 8900 | 67000 | 7.5 | 1 | 1,211 | 1,210 | 1203 | 0.6% |
| 3358 | ワイエスフード | 4800 | 15600 | 3.3 | 2 | 383 | 382 | 371 | 3.1% |
| 8550 | 栃木銀行 | 5600 | 17300 | 3.1 | 3 | 431 | 430 | 425 | 1.3% |
| 4022 | ラサ工業 | 3100 | 9500 | 3.1 | 4 | 2,161 | 2,160 | 2152 | 0.4% |
| 7191 | イントラスト | 7000 | 21100 | 3.0 | 5 | 820 | 819 | 806 | 1.7% |
| 7190 | マーキュリアイ | 4100 | 12200 | 3.0 | 6 | 1,203 | 1,201 | 1155 | 4.1% |
| 4812 | ＩＳＩＤ | 2300 | 6600 | 2.9 | 7 | 2,611 | 2,610 | 2661 | -1.9% |
| 3681 | ブイキューブ | 5300 | 14800 | 2.8 | 8 | 486 | 479 | 475 | 1.6% |
| 6911 | 新日本無線 | 4300 | 11800 | 2.7 | 9 | 831 | 830 | 829 | 0.2% |
| 7291 | 日本プラスト | 2700 | 7000 | 2.6 | 10 | 950 | 940 | 926 | 2.1% |
| 4996 | クミアイ化学工 | 2400 | 5300 | 2.2 | 11 | 647 | 642 | 642 | 0.4% |
| 1873 | 日本ハウスホー | 16800 | 36500 | 2.2 | 12 | 613 | 612 | 620 | -1.2% |
| 4833 | ぱど | 3100 | 6600 | 2.1 | 13 | 614 | 613 | 610 | 0.6% |
| 9062 | 日本通運 | 5900 | 11900 | 2.0 | 14 | 6,890 | 6,880 | 6900 | -0.2% |
| 6298 | ワイエイシイホ | 3700 | 7400 | 2.0 | 15 | 1,005 | 1,002 | 993 | 1.1% |
| 6294 | オカダアイヨン | 14400 | 28500 | 2.0 | 16 | 1,406 | 1,400 | 1390 | 0.9% |
| 2693 | ＹＫＴ | 9200 | 18100 | 2.0 | 17 | 701 | 700 | 685 | 2.3% |
| 3692 | ＦＦＲＩ | 2600 | 5100 | 2.0 | 18 | 3,565 | 3,550 | 3470 | 2.5% |
| 2764 | ひらまつ | 12300 | 23900 | 1.9 | 19 | 558 | 556 | 554 | 0.5% |
| 3242 | アーバネットコ | 14800 | 28500 | 1.9 | 20 | 357 | 356 | 354 | 0.7% |
| 7745 | エー・アンド・ | 5100 | 9700 | 1.9 | 21 | 634 | 633 | 618 | 2.5% |



（出所）岡三オンライン証券「岡三RSS」。

**まってきた場合は、できるだけ素早く撤退しましょう。**

## 強い板探しが効率化できる便利なツール

強い板を探すためには巡回チェックが基本ですが、世の中には便利なツールがあります。岡三オンライン証券の「岡三ＲＳＳ」というツールを使うと、候補銘柄から下値の買いが厚く、上値の売りが薄い銘柄を自動的に抽出してくれます。

仕組みは、買い板の合計を売り板の合計で割った数値を「買／売比率」として計算し、その数値の高い銘柄を候補銘柄一覧としてリストアップするものです。

また、候補銘柄一覧と同じシートで板画面も確認できるので、「銘柄を探す↓決める」までの作業が効率的にできます。また、候補銘柄のベースとなる銘柄群も自分で設定できるので、「20銘柄バスケット」や「200銘柄バスケット」をセットすることができるのです。

「岡三RSS」の利用料金は35日間で4630円（税抜）ですが、初回の利用申込み時は90日分の利用料無料日数が付与されます。また、手数料実績が2000円（税抜）以上あれば無料となります。有給を取得して投資する人にとっては微妙な利用料ですが、出社前の寄付き投資を習慣にしようと考えている人には便利なツールだと思います。

# ザラバで見ておくべきもの

## 指数の動きを常時チェック

スイングトレードにしてもデイトレードにしても、有給休暇を使ってまる1日、場に張り付いていられるのですから、これを機に、普段はなかなかできない市況のチェックも行ってみましょう。これによって、相場観を身につけることができます。

まず常時チェックするものとしては、指数の動きです。

日経平均先物、時間外取引のＮＹダウ先物、新興株指数としては東証マザーズ指数と日経ジャスダック平均、ＴＯＰＩＸの規模別指数としてコア30、ミッド４００など。為替レートは米ドル／円を中心にチェックし、業種別指数として東証33業種を見るようにします。

次にイベント時ですが、最低限、これだけは把握しておきたいのが、日銀金融政策決定会合、各種経済指標、そしてマーケットが中国経済の動向に注目しているようなときは、中国株と人民元相場も見ておいたほうが良いでしょう。

これは基本的にザラバのルーティンなので、必ず行ってもらいたいのですが、有給休暇を取得した日以外でも、日常のルーティンに組み込んでおくと、投資力が上がります。

**仕事から帰った後、これらの指数などに目を通すとともに、翌日の動向を予測しておきます。そして翌日、仕事から帰ったら、答え合わせをします。それを繰り返すのです。**

## 徐々にチェックする領域をブレイクダウンさせる

見るときの流れですが、国内株式市場に関しては日経平均先物、東証マザーズ指数、日経ジャスダック平均で全体像を把握しつつ、TOPIXの規模別でコア30、ラージ70、ミッド400、スモールの値動きを見ていきます。

規模別では何が強かったのか、あるいは弱かったのかを見たら、次は米ドル／円の値動きに注目します。もし円高が進んでいれば、輸出関連業種の株価は全体的に下げるはずです。実際にそうなっているかどうかは、東証業種別株価指数を見れば一目瞭然です。

**ここで注目したいのは、普通とはちょっと違う動きをしているものがあるかどうか、ということです。**円高が進めば輸出関連業種は売られるはずですが、時々、そのセオリーを無視して値上がりしている業種があったりします。それは、ほぼ確実にお金が流れ込んでいる証拠ですから、そこを狙って投資します。

このように、**ザラバ中は日経平均先物など大きなインデックスから、規模別、業種別というように、徐々にチェックする領域をブレイクダウンさせていき、最後の最後に個別銘柄へと落とし込んでいくのです。**

業種別まで落とし込んだところで、該当する銘柄が20銘柄バスケットに入っていれば最高ですし、もし入っていなかったら、２００銘柄バスケットから探しても良いでしょう。

## 銘柄選びで大事なのは納得感

さて、この流れを身につければ、株式投資をするにあたって、あるものが不要になります。

恐らく、本書を読んでくださっている方の中には、テクニカル分析で銘柄を選んでいる方もいると思います。チャートを表示して形の良いものを選ぶというのもありますし、一目均衡表やＭＡＣＤ、ＲＳＩといった、さまざまなテクニカル指標をフル活用して、目先で大きく値上がりしそうな銘柄を探すという手もあるでしょう。

ただ、私はテクニカル分析で銘柄を選ぶのはどうかと思っています。

もちろん、私もテクニカル分析を使うことはありますが、個別株についてはほとんど参考にせず、日経平均などの指数の現状把握が目的です。決して、株価の将来予想をするのに、テクニカル分析を用いることはありません。

**つまり、以上のルーティンを身につければ、もはやテクニカル分析を使う必要はないのです。**

銘柄選びで大事なのは、納得感だと思います。もちろん、需給と業績だけで１００％株価の行方を当てられるわけではありませんが、少なくとも私は、テクニカル分析で外れた場合に比べて、自分で苦労して導き出した結果なのではるかに納得感があると思っています。

それに、**ある程度、株式投資の上級者になりたいのであれば、テクニカル分析を一所懸命に**

**勉強するよりも、需給や業績を読み込んでいったほうが、投資力が積み上がります。**

## 日本の株式市場は米国次第

あと、イベントで把握しておくべきことですが、日銀の金融政策決定会合や、ＦＲＢ理事会は、米ドル／円の動きに影響を及ぼす可能性があるので、チェックしておくべきでしょう。日米の金利差が拡大するのか、それとも縮小するのかによって、円安になるのか、円高になるのかが決まってきますし、それによってどの業種が物色されるのか、あるいは売られるのかも併せて見ておく必要があります。

各種経済指標については、それが最終的に、株価にどのような影響を及ぼすのか、という観点でチェックしましょう。

とはいえ、**日本の経済指標で、株価に大きな影響を及ぼすものは、ほとんどありません。**というのも、日本の経済指標は大半がザラバ中に発表されず、経済指標をふまえてフレキシブルに政策運営が行われていないので、株式市場に及ぼすインパクトが小さいのです。

ただ、米国の経済指標は要注意です。

GDPやISM製造業景況感指数、個人消費支出など消費関連の統計、そして消費者物価指数などの物価動向は、米国の景気の良し悪しを先読みするうえで重要であり、それらの結果が米ドル／円の値動きにも影響を及ぼします。

前述したように、為替レートの値動きは、日本の輸出入企業の株価に影響を及ぼしますし、こうした米国の経済指標の結果によって米国の株価が大きく動けば、その映し鏡的な存在である日本の株価も、大きく動きます。

このように考えると、日本の株式市場は米国次第という面があり、その点では、なかなか情けない部分もあるのですが、投資家としては値動きがあり、収益機会に恵まれれば、それで御の字という部分はあります。

その意味では、**米ドルの動きとともに、米国株式市場がどのような方向に進むのかを見ることで、日本の株式市場の行方をある程度、想定できるようになるのです。**

# ポジション保有時のチェック項目

実際にポジションを持ったとき、あるいはポジション保有を検討しているときは、さらに細かい点もチェックしていきます。

## チェック①　業種別指数

これはザラバで見ておくべきものとも被るのですが、資金が集まっているセクターを把握するのに不可欠です。前述したように、円高が進んで輸出関連業種は安くなるはずなのに、逆に高くなっている業種があったら、そこに資金が集まっていることになります。

また為替、金利、日経平均株価の水準などによってセクターの強弱が変化するので、その傾向を把握しておきましょう。

## チェック② 同業他社の株価水準

同業種の大型株から小型株までの株価水準を把握するわけですが、これはマネックス証券のトレードステーションの「ホットリスト」を利用し、業種でソートを掛ければ、業種ごとに株価水準をチェックできるので、これで特徴をつかめば良いでしょう。

## チェック③ グルーピング銘柄群

たとえ業種が異なったとしても、同時期に株式を上場したＩＰＯ群は、同じような動きをする傾向があるため、過去に同じ動きをした銘柄に気づいたら、グループ分けして監視するようにしましょう。

## チェック④ ニュース

当然、「ニュース」のフォローも大事です。売買注文を出す前に株価が動いたときは、その銘柄に関するニュースが出ていないかどうかをチェックしてください。

発注に使う板の横にニュースが流れるように表示しておくと、注文を出しながら、リアルタイムでニュースも把握できるので便利です。

## チェック⑤　1分足チャート

そしてデイトレードの場合は、トレードの時間軸によって使うチャートを変える必要があります。**デイトレーダーの中には3分足、5分足を利用している人がいますが、3分以内で売るようなトレードをする場合は、一番短い1分足を使うようにしましょう。**

ただし、チャートはあくまでも相場の転換点と値段を確認するために用いるべきものであり、チャートで将来の価格を予想するのは、適切な使い方とは言えません。

## チェック⑥　歩み値と板

歩み値は、株価の勢いとブレイク時の大きな板の買われ方を把握するのに利用します。勢いを把握する際には、細かいティックを見る必要があるので、株数表示制限のフィルターを掛けずに利用するのがポイントです。

また板については、トレード用としてフル板を利用すること。引けの売買数量や、現値から離れた板も把握しておきましょう。

# 決算トレードの注意点

## 決算発表後を狙ったほうがいい理由

スイングトレード、デイトレードの両方でいけるトレードとしては、前にも触れたように、決算を狙った戦略があります。

その際にも、注意点の1つとして、決算発表日当日はトレードせず、決算が発表されてからを狙ったほうが良いという話をしましたが、それは、好決算なのに売られるケースがあるからです。

これ、裏側を知らない人は、本当に不思議だと思うでしょう。好決算期待で買いました。予想どおり、過去最高益を更新しました。これで株価はストップ高とは言わないまでも、ある程度の値上がりは期待できるはず。

そう思って株価を確認したら、何と下がっているではありませんか。もう、この時点で冷静さを失いますよね。

過去最高益を更新しておきながら、株価が下がるというのは、どういうことなのでしょうか。

でも、これは不思議でも何でもありませんし、裏側で誰かが仕組んだことでもありません。

ちょっと考えてみれば、「ああ、なるほど」ということなのです。

## 株価が上昇してから買った人の期待は高い

たとえば、３カ月間で右肩上がりに上昇した銘柄があるとしましょう。この間に株価は、１０００円から３０００円になりました。そして値上がりする過程で、大勢の投資家が、この銘柄を買っています。

買っている根拠は好業績に対する期待です。

１０００円で買った人は、ＥＰＳ（1株あたり利益）が20円くらいだと想定しています。

２０００円で買った人は、ＥＰＳ40円を想定しています。１０００円よりも高い株価で買っているわけですから、ＥＰＳに対する期待も高いわけです。

その伝で言えば、３０００円の株価で買おうと判断した人は、さらに高いＥＰＳを期待する

## 図4-5 好決算なのに売られる理由

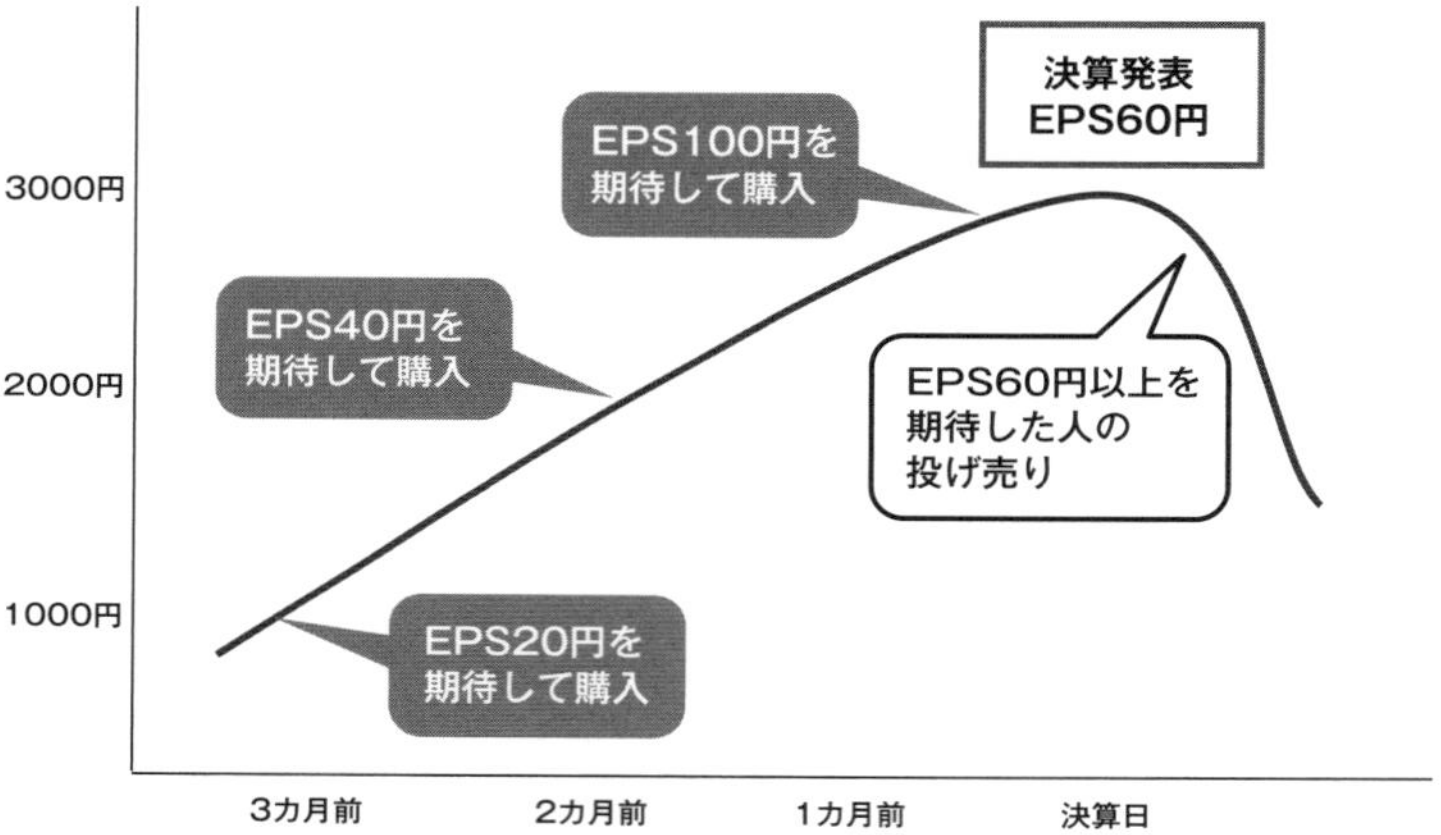


はずです。１００円くらいを想定したとしましょう。

ここで決算を迎え、ＥＰＳは60円でした。ＥＰＳ20円を想定し、１０００円で買った人からすれば、60円は十分に満足のいく業績です。

でも、１００円のＥＰＳを想定して、３０００円で買った人からすれば、「この決算、滅茶苦茶悪いじゃん」と思うわけです。結果、３０００円で買った人は、一斉に手持ちの株式を投げてきます。当然、株価は大きく下げます。

すると、ＥＰＳ40円を想定して２０００円の株価で買った人は、「どうしてこんなに決算が良いのに売られるの？」となるわけです。どんどん株価が下がり、自分の買値を割り込みそうになったところで、2000円で買った人が投げてきます。

2000円も割り込んで、1500円くらいまで下がると、1000円で買った人は「ふざけんな」という気持ちになります。ここで株価の下げに歯止めが掛かれば良いのですが、いずれにしても、好決算だからといって必ずしも買われるとは限らないということなのです。

とはいえ、好決算であることに間違いはありませんから、投げが止まれば、どこかの時点で株価は底を打ち、再び上昇に転じます。

それを見極めてから買いに入っても遅くはありません。なので、決算トレードをするときには、決算日当日を狙うのではなく、決算日の翌日以降で買いのタイミングを探すべきなのです。

# 欲は自分の身を滅ぼす

## プラマイゼロに逆指値を入れておく

デイトレードにしてもスイングトレードにしても、どこかでポジションを閉じる必要があります。デイトレードの場合は、その日のうちにポジションを閉じるのが原則なので、有給休暇のなかで決着するわけですが、問題はスイングトレードの場合です。

ポジションをオーバーナイトさせたとき、すでに翌日は有給休暇ではなく、仕事に出掛けるわけですから、そこで利益確定・損切りをどう判断すれば良いのかという問題はあります。

これはプラマイゼロのところに逆指値を入れておけば良いでしょう。

「儲けがないからつまらない」ですか？

利益確定って、実は思っている以上に難しいのです。

たとえば1000円で買った株が大きく上昇して、1500円になったとしましょう。買った本人は欲が出てきますし、カンカンの強気になるので、2000円まで行くと思っています。ところが、だいたいにおいてそういうときが天井だったりします。1500円を付けたところで株価は下げに転じ、1300円になりました。

それでも、実際は300円の利益があるわけですから、これで十分に御の字であるわけですが、前述したように欲がありますから、この時点で「300円の利益がある」とは考えられなくなっているのです。


で、どう考えるのかというと、1500円の高値から現値の1300円まで下がったので、「200円の損が生じている」と考えるのですね。それで、「再び1500円に戻るまで我慢する」と考えて、持ち続けようとします。

ところが、相場は意地悪ですから、1300円をさらに割り込んで、買値の1000円まで下落して、それでも下げ止まらず、800円、700円になってしまうケースもあるのです。

高値で売れれば500円の利益が得られていたはずなのに、気づいたら300円の損失になっていた、なんてことも起こりうるのが、株式投資の世界です。

だから、まずはプラマイゼロのところで逆指値を入れ、最悪でもそこでポジションを閉じられるようにすることが重要なのです。

## 自分が稼ぎたい目標を明確にする

それと利益確定に際しては、このトレードで自分はいったいいくら稼ぎたいのかを明確にしておくことが肝心だと思います。

30%欲しいと思っていて、20%まで含み益が生じたのに、そこで利益確定できずにゼロになるというのは、私としてはありえない話です。

30%を目標にしていて、5%しか取れないときは、もう少し持ってみようと思いますが、20%まで行けば大勝利です。確かに目標は30%でも、20%の利益が得られれば、どこかの時点で利益確定させなければなりません。

欲は自分の身を滅ぼすのです。これはデイトレードにしても、スイングトレードにしても、常に頭に入れておいて欲しいと思います。

# 第5章 CHAPTER 05

# さらにレベルアップする秘策を教えます

# まだ投資信託なんて買ってるの？

## 自由に使える時間が4時間もあれば十分

自分で投資する銘柄を選ぶ。選ぶために、さまざまな資料に当たって調べる。時にはお店などの施設に足を運び、きちんとした会社かどうかをチェックする。こうした知見を200銘柄バスケットというお宝ユニバースにし、さらに20銘柄を厳選して、そこから投資する銘柄を見つけていく。

もし、このくらいのこともできないほど、仕事が滅茶苦茶に忙しいという方なら、投資信託を選んで購入するという手もあります。でも、そんなに滅茶苦茶忙しい人って、いますか？

1日の正規労働時間が8時間だとして、それに1、2時間の残業を上乗せしたとしても、仕事に費やしている時間は9～10時間です。加えて通勤に往復2時間。睡眠に6時間。仮に1時間残業をしたとすると、これで合計17時間です。まだ7時間も残っています。

仕事に出かけるときの準備時間、お風呂に入る時間を合わせても2〜3時間程度でしょうか。仮に3時間と想定しても、4時間は自由にできる時間が残っています。

**自由に使える時間が4時間もあれば、自分で株式投資の勉強をして、戦略を練るくらいは、十分にできそうなものです。**

つまり、国内株式市場に投資するならば、わざわざ投資信託を買って、見知らぬ他人に運用してもらう必要はないのでは、と私などはつい思ってしまうのです。

なのに、どうして投資信託は相も変わらず純資産総額を伸ばし続けているのでしょうか。

## 投資信託は人任せの運用

純資産総額というのは、投資信託に組み入れられている有価証券等の時価総額であり、単純に投資信託の規模を規定するものです。現在、日本国内で設定・運用されている証券投信の本数は、2018年1月末時点で61 63本。純資産総額は112兆5709億円にもなります。

ここに資金が流れ込んでいる理由は、投資をほとんど知らない、あるいは「投資なんて博打だ。我が家は代々、株式投資をしないことを家訓にしている」などと、わけのわからないことを言っている頑固者のお年寄りが、金融機関にうまく言いくるめられて、ろくでもない投資信託を買わされているから、というのが実態だと思います。

**そんな投資信託を買うくらいなら、毎日のちょっとした時間を利用して株式投資の勉強をし、自分で銘柄を選別して投資したほうが、たとえ負けたとしても、納得できると思います。**

投資信託は、ファンドを選ぶ段階においては、自分で判断を下しますが、どのような銘柄を買ってポートフォリオを組むかの判断は、あくまでも投資信託会社の運用担当者に委ねなければなりません。つまり、人任せの運用なのです。

それで運用に失敗され、大きな損失を余儀なくされれば、運用担当者に対して、恨み言の1つも言いたくなるというものです。

株式投資の基本を理解していながら、喜んで投資信託を買っているような人に、私は一人たりとも会ったことがありません。

少なくとも、ここまで本書を読んで、銘柄選びの基本を多少なりとも理解していただけたら、もう投資信託を買う必要はどこにもないと断言できます。

# 20銘柄バスケットは厳選投資型投資信託のパクリ

## 機関投資家の銘柄の選別手法に近い

こんな言い方をすると、いろいろな意見が出てきそうですが、そもそも20銘柄バスケットの発想は、投資信託をはじめとする機関投資家の銘柄選びのパクリです。

なぜなら、私はかつて機関投資家である保険会社の運用部門に属して、債券や株式の運用を行っていたからです。

**もともと馴染みのある銘柄選別の手法を、個人が株式投資をする場合に応用したらどうなるのかを考えて体系づけたのが、２００銘柄バスケットであり、20銘柄バスケットなのです。**

投資信託のなかでもアクティブ運用といって、ファンドマネジャーが自分の才覚で銘柄を選び、日経平均株価やＴＯＰＩＸなどの株価インデックスを超える運用成果を目指すタイプの投資信託は、約３７００銘柄ある東京証券取引所上場銘柄の中から、特定のスクリーニング手法を用いて１０００銘柄、あるいは５００銘柄のバスケットを作り、そこからさらに厳選してファンドに組み入れていきます。

それは、３７００銘柄の中から２００銘柄に絞り込み、さらにそこから20銘柄のバスケットを作って投資する、本書の方法とかなり類似しています。

あ、勘違いしないでくださいね。機関投資家が真似たのではなく、あくまでも私がパクっただけですから。

いずれにしても、これで２００銘柄バスケット、20銘柄バスケットが、投資信託などに組み入れられる銘柄の選別手法に近いものであることが、おわかりいただけたのではないかと思います。

だから、本書を読んで銘柄選別のプロセスを理解できたら、わざわざ投資信託など買わなくても良いと申し上げたのです。

# 定期的にメンテナンスを行い、バスケットの精度を高める

## チェックは毎日、銘柄の入れ替えは週末

本書は、読者の誰もが、自分の頭で考えて、２００銘柄バスケットならびに20銘柄バスケットを作れるようになることに、最大の主眼を置いています。

実際、本書を読みながら、投資力を鍛える「90日間プログラム」を実践していただき、その結果、オリジナルの２００銘柄バスケットと20銘柄バスケットをいま、あなたは手にしているはずです。

さて、とはいえこれで終わりではありません。

**２００銘柄バスケットも、20銘柄バスケットも、常にメンテナンスをする必要があります。**

**銘柄の入れ替えをしながら、バスケットの精度を高めていくのです。**

といっても、200銘柄バスケットを毎日メンテナンスする時間的な余裕は、恐らくないでしょう。なので、平日は200銘柄バスケットに強弱をつける程度にしておきます。

**200銘柄バスケットは、基本的に40業種・テーマで構成されていますから、その40業種・テーマについて、今日は強かったのか、弱かったのかをチェックしていくのです。**

**そして、銘柄の入れ替えは週末を利用して行います。**テーマごとに入れ替えても良いですし、テーマはそのまま残して、中の銘柄を入れ替えるのでも良いでしょう。

基本的には、動きがほとんどないものを外し、動きのあるものと交代させます。

日々のメンテナンスで強弱の見当をつけていきますから、動きのある銘柄とない銘柄が何かは、ある程度見えているはずです。

## 好業績の銘柄を値動きの悪い銘柄と入れ替える

また、四季報オンラインの「四季報先取り」で上がってきた銘柄をチェックし、業績の良いものを新たに組み入れても良いでしょう。

## 図5-1　四季報オンラインの「先取り」をチェック

速報⑩これが「新春号」のサプライズ銘柄だ！
10営業日の掲載も今回が最終回
会社四季報オンライン編集部
2017/12/07 17:00
アプリで見る
いいね！ 0
シェア
ツイート
B! ブックマーク 0
メール
印刷
7872：As-meエステール(東証1部)
【特色】宝飾品の生産から販売まで一貫体制。SC内テナントが中心。眼鏡チェーンも。ベトナムに工場
【増　額】グループ主要店は出退店各20程度（前期各23、32）。主力のジュエリーは既存店が催事奏功で客数堅調。販管費低減に加え、アクセサリー子会社の不採算店S&Bが効く。営業益は前号比で増額。19年3月期も前期新店フル寄与、S&Bも進捗。
【シナジー】買収した飲食子会社は宝飾と相互送客狙う。育休取得奨励し社員定着率向上図る。株主還元の自己株取得は継続も。

（出所）会社四季報オンライン（https://shikiho.jp）。

先般、宝飾品のAs－meエステール（7872）という銘柄を持っていたのですが、四季報オンラインの先取りで、最後の最後に業績が好調であるというニュースが飛び込んできました。それによって株価が急騰したのです。

ちなみに、なぜ宝飾品関連の銘柄が買われているのかというと、合理化による利益の増加とインバウンド需要に対する期待感が高まっているからです。

バスケットの入れ替えを行うにあたって、何を判断材料にするかは実にさまざまですが、まずは好業績の可能性が高いものを見つけたら、値動きの悪いバスケット銘柄を外して、それと入れ替えるところから始めてみましょう。

# 損した銘柄はバスケットから外さない

## 自分のトレードの反省をするほうが先

損した銘柄は、はっきり言ってあまり見たくないものなのかもしれません。

でも、それは三流トレーダーのやることです。

**伸びていくトレーダーは、失敗して大損を被った銘柄だからといって、それを自分のリストから外すようなことはしないのです。**

なぜなら、大事なことは「なぜ損をしたのか」というところにあるからです。

銘柄が悪いのではなく、損をするような行動を取った自分に問題があるので、銘柄の良し悪しを云々する前に、自分のトレードの反省をするほうが先です。

もっと言えば、**特にデイトレードをする投資家の場合、その日にトレードした銘柄は、どれだけ大きな損失を被ったとしても、翌日トレードしようと考えている20銘柄バスケットの中に、必ず入れておくことをお勧めします。**

なぜなら、今日まる1日、その銘柄をトレードしたことによって、１日の流れはわかっていますし、何よりも連続性が大事だからです。

一度、トレードしたものの、大損をしたからバスケットから外し、あとは一切見ないというのでは、せっかく自分がトレードすることで会得したはずの、その銘柄のクセなどがわからなくなってしまいます。

こうした点から、翌日も株価の値動きを追いかけることをお勧めしているのです。

# 投資信託が買っている銘柄に着目する

## 各ファンドの運用レポートが参考になる

投資信託を買う必要はありませんが、投資信託が買っている銘柄には注目しましょう。
これは、**プロの機関投資家がどのような銘柄に注目し、実際に買っているのかを知るのに役立つ方法です。**

つまりアクティブ運用のファンドマネジャーになったつもりで、バスケットの中身を入れ替えてみましょう、という話です。

何を組み入れて運用しているのかについては、投資信託会社が作成している各ファンドの運用レポートが参考になります。

運用レポートは、大半の投資信託会社が、自社で運用している全ファンドについて作成し、実際にそのファンドを保有してくれている受益者に郵送したり、来店した際に手渡したりしています。また、その投資信託会社のホームページに行けば、ＰＤＦで誰でも簡単にダウンロードできます。

ただし、運用レポートについては、全投資信託会社が、全ファンドについて作成しているわけではありません。また運用レポートは、組入銘柄の詳細な情報は掲載されていません。もちろん掲載されている銘柄も、組入上位10位程度までなので、それを超える組入銘柄数の投資信託だと、運用レポートだけでは力不足になります。

もちろん、運用レポートは投資信託会社が毎週、作成しているものなので、たとえ組入上位10銘柄しか掲載されていなくても、何を重視して銘柄を選んでいるのかに関する見当はつくでしょう。速報性が運用レポートの最大のメリットです。

## すべての組入銘柄を見たいときは運用報告書をチェック

一方、どうしても組入銘柄をすべて見たいという人は、同じディスクロージャーでも「運用報告書」をチェックしてみてください。

運用報告書は法定開示書類といって、作成が義務付けられているディスクロージャーで、これも運用レポートと同様、ファンドに組み入れられている銘柄が掲載されています。それも組入比率上位10銘柄ではなく、たとえ100株でも持っている銘柄は全部、掲載されています。

**ポイントは、投資信託のポートフォリオに組み入れられる前に自分が投資し、その後、実際に投資信託が組み入れることによって株価が上昇するのが、最も美しいパターンです。**つまり、投資信託会社の買いに先んじて、最初から自分の200銘柄バスケットに組み入れておくのです。アクティブファンドの行動に先んじて投資できるかどうかが、この手法で成功するか否かを分けます。

ちなみに、投資信託の組入銘柄は、短期的な値上がりを狙うような性質ではありません。投資信託という商品の性質上、どちらかというと長期的な値上がりを期待して投資しているはずですから、デイトレードには向かないかもしれません。どちらかというと、少し長めの時間軸のスイングトレード向きと考えておいたほうが良いでしょう。

# 高配当株ファンドの銘柄選びも参考になる

## 第1分位を外す

前述したように、２００銘柄バスケットや20銘柄バスケットのメンテナンスをするにあたって、投資信託に組み入れられている銘柄は参考になります。たとえば、高配当銘柄を中心にポートフォリオを組んで運用する、高配当株ファンドの組入銘柄もその1つです。

投資信託以外の機関投資家も、高配当銘柄のインデックスを参考にしてポートフォリオを組んだりします。これを真似て、オリジナルの高配当銘柄ポートフォリオを、２００銘柄バスケットに入れておきます。

機関投資家が高配当銘柄のポートフォリオを組む場合は、配当の高い銘柄から順にランキングをし、一定の配当利回りで線引きしそれを10分位に分けます。

仮に東証に上場されている約３７００銘柄を10分位にすると、一番上の第1分位には３７０銘柄が入っていることになります。

なぜ、最も高い配当利回りの銘柄を全部外すのかということですが、第1分位に含まれる高配当利回り銘柄は、イレギュラーで高配当利回りになってしまうケースがあるからです。

あるいは、無理やり配当金を高めて、投資家の関心を保とうとする企業もあります。要するに、無理をして高配当を出している企業が、第1分位には含まれているリスクがあるのです。

## 配当利回りが2%以上の銘柄を第2分位から選ぶ

なので、まずスクリーニングの条件として、配当利回りが２％以上の銘柄をピックアップし、そこから10分位を作成します。そして、その第1分位を外し、第2分位から銘柄を選ぶようにします。

基本的に高配当株はベータ値が低いので、リスクの度合いはＴＯＰＩＸとほぼ同じか、それ以下になります。

このような銘柄をバスケットに組み入れておくと、バスケット全体の分散投資効果が高まります。そのうえで、20銘柄バスケットにも高配当銘柄が入ってくれれば、高い分散効果の伴った投資が可能になります。

いかがですか。**ここまでできるようになれば、あなたの200銘柄バスケットと20銘柄バスケットは、とても勝率の高い銘柄が集まっているはずです。**

わざわざ投資信託を買う必要はなくなります。

イナゴのことなど、完全に忘れ去っていることでしょう。

# おわりに

私は専業投資家にならなくても、株式投資で成功する方法はあると思っています。

**実際、個人投資家で億円単位の資産を築いた人の中には、日中働いているサラリーマンもいます。専業投資家にならなければ、億トレーダーになれないわけではないのです。**

むしろ、日々の生活費を着実に稼がなければならない専業投資家に比べて、兼業投資家のほうが精神的に楽なはずです。株式投資に失敗して大きな損失を抱えたとしても、仕事が順調なら、働いて得る収入によって家族は生活できるかもしれませんし、場合によっては損失の穴埋めもできるでしょう。

専業でも、兼業でも、成功する投資家は、次のような人です。

**たとえば100万円の原資を、半年か1年で1000万円にできる人で、1000万円にな**

**ったら、リセットして100万円に戻し、さらに半年か1年で、それを1000万円にするというのを、何回も繰り返せる人。**

要するに、お金を増やせる能力があるということです。

それも右肩上がりで、誰もが株式投資で勝てる相場環境ではないときでも、多少時間がかかるかもしれませんが、それでもきちんと利益を積み上げていけるような人です。

そして、株式投資で一定の収益を稼げるようになるために、もう1つ、お金を増やす能力よりも大事なことがあります。

**他力本願ではダメだということです。**

あくまでも自分の頭で考えて銘柄を選び、自分の判断で売買できるようにならなければ、株式投資での成功は覚束ないでしょう。

この本で紹介した「90日間プログラム」は、勝てる銘柄を選ぶスキルを高めることだけでなく、自分の頭で考える習慣を身につけるためのものです。

90日は、長いかもしれません。でも、それを乗り越えたとき、成功する投資家としての習慣が身についているはずです。「90日間プログラム」にテーマを決めて何タームも繰り返せば、知識はもちろん、自分で銘柄を見つけ出す楽しさが実感できるはずです。

そして、そのご褒美として手に入れた200銘柄バスケットと20銘柄バスケットをメンテナンスし続けることで、デイトレ、スイング、中長期——、どのような時間軸の株式投資でも成功する道が開けてくると思います。

＊＊＊

さて、本書の製作にあたっては、たくさんの方々に支援していただきました。

ファンドマネージャーのイロハを教えてくださった内野さん、岡田さん。初めてセミナーに呼んでくださり、いまでもお付き合いさせていただいている日本フィナンシャルセキュリティーズの野呂さん。投資家の必須のツール「トレードステーション」の啓蒙活動を続けているマネックス証券の山田さん、深美さん、田中さん。前作の板読み投資術をツールにしていただいたり、ラジオで冠番組を提供していただいた岡三オンライン証券の稲田さん、武部さん、百々さん、桂木さん。

ラジオなどで一緒に出演してくれた小笠原さん、竹中さん、叶内さん、大橋さん、浜田さん、内田さん。ラジオＮＩＫＫＥＩの間宮さん、坂巻さん、山田さん、辻さん。真面目な投資家教育をしようと一緒に立ち上がってくれたＹＥＮ蔵さん、まことんさん。

事務所で美味しいご飯を作ってくれていつも応援してくれる佐々木さん、仕事をサポートしてくれる弥生さん。パンローリングの長沢さん、金子さん。この本の製作にご協力いただいたライターの鈴木さん、東洋経済新報社のみなさま。心から感謝しています。

そして、最後まで本書を読んでいただいたあなた、本当にありがとうございました。「90日間プログラム」で、投資力を高めたあなたが、勝率を高めて、利益を増やすことを願っています。

２０１８年３月

坂本慎太郎

【著者紹介】

**坂本慎太郎**（さかもと　しんたろう）

大学卒業後、メーカー勤務を経て、日系の証券会社でディーラーとして活躍。その後、大手生命保険会社に転職し、株式、債券のファンドマネジャー、株式のストラテジストを経験。2015年に中級者向けのトレード指導を行うこころトレード研究所を、2016年にネット投資セミナーを行う株式会社イタヨミを設立。ディーラーとして短期、機関投資家として中長期とあらゆる取引スパンを経験し、売買の裏側まで網羅していることが強み。現在のトレードスタイルは、日本株を中心に短期は板読みに、中長期は世界情勢、需給、業績などに重きを置いた運用を行っている。また、現場経験で積み上げた投資スキルを個人投資家に還元するため、ラジオNIKKEIや日経CNBCなどの投資番組へのレギュラー出演、講演やセミナーなどを行い、人気を博している。著書に『朝9時10分までにしっかり儲ける板読み投資術』（東洋経済新報社）がある。ハンドルネームはBコミ。

脱イナゴでしっかり儲ける20銘柄バスケット投資術

2018 年 5 月 3 日発行

著　者——坂本慎太郎
発行者——駒橋憲一
発行所——東洋経済新報社
〒103-8345　東京都中央区日本橋本石町 1-2-1
電話＝東洋経済コールセンター　03(5605)7021
http://toyokeizai.net/

装　丁…………萩原弦一郎（256）
D T P…………望月　義（ZERO）
編集協力………鈴木雅光（JOYnt）
印刷・製本……図書印刷
編集担当………水野一誠
　ISBN 978-4-492-73346-2